KB148126

온라인을 통한 통한 JIT 경영교육 사례

| 문상원 지음 |

에피스테메
EPISTEME

온라인을 통한 JIT 경영교육 사례

ⓒ 문상원, 2014

초판 1쇄 펴낸날 / 2014년 9월 25일

저   자 / 문상원
발행인 / 조남철
발행처 / (사)한국방송통신대학교출판문화원
         주소 서울특별시 종로구 이화장길 54 (110–500)
         대표전화 1644–1232
         팩스 (02)741–4570
         http://press.knou.ac.kr
         출판등록 1982년 6월 7일 제1-491호

출판위원장 / 권수열
편집 / 장웅수 · 김양형
마케팅 / 전호선
편집 디자인 / (주)이환디앤비
표지 디자인 / 북디자인SM

ISBN 978–89–20–01433–8   93320
값 9,000원

　기술혁신의 가속화, 그리고 이에 따른 제품수명주기의 단축은 지식의 효율적 활용이 기업경쟁력 확보에 있어 매우 중요한 요소로 부각됨을 말해 주고 있다. 산업사회에서 지식사회로의 급격한 전환은 기업들로서는 단지 기존 지식의 보유에 머물러서는 안 되고 적극적으로 지식을 업데이트하고 그것을 업무에 활용할 수 있는 능력과 체제를 갖추는 것이 긴요함을 깨닫게 하고 있다. 앞서가는 경영전문가들은 우수한 기업과 그렇지 못한 기업을 가르는 중요한 잣대로서 기업지식기반의 지속적 활용과 갱신을 들고 있다. 자유시장경제에서 경쟁력 있는 지식자원의 수명주기는 혁신과 모방을 멈추지 않는 전 세계의 경쟁사들로부터의 지속적 압력으로 인하여 점차 단축되고 있으며, 또한 기업들은 변화하는 고객 니즈와 사회적 요구를 예측하고 이에 대응해 나가야 하기 때문이다.

　이러한 요구에 맞추어 기업들은 지속적으로 학습하고, 또한 습득된 지식을 통하여 업무능력을 향상시키는 노력을 경주하고 있다. 그러나 이와 같은 학습조직이 성공하기 위해서는 학습의 대상이 추상적 내용이 아닌 실제업무와 관련된 것이어야 하며, 따라서 학습은 실제문제의 해결에 직접 활용될 수 있도록 개인화되고 적시성을 갖추어야 한다. 따라서 선진기업들은 집단적 교육방식에서 탈피하여 개별화된 학습자 중심 교육체제로 개편하여 적시의, 적정량의, 그리고 상황적합적인 교육의 제공을 추구하고 있다. 이를 위해 기업들은 온라인(on-line) 교육과 인클래스(in-class) 교육의 통합, 즉 블렌디드 러닝(blended learning)에 의한 효율적 직원교육 체제를 운영함과 동시에 그 교육내용 또한 업무와 긴밀하게 연계된 현장 중심적인 것으로 개편하는 노력을 기울이고 있다.

일반적으로 기업 내 교육은 작업숙련이나 문제해결 중심으로 이루어지므로 현장 중심적이라는 긍정적 측면은 있으나 그 품질수준이 입증되지 못하는 반면, 대학들은 교과내용이 분야별로 전문화되어 있어 그 내용적 수준이 우수하나 교육과정의 통합성이 결여되어 있고 현장업무 능력의 향상과 직접 결부되지 않는 경우가 많다는 결점이 있다. 이러한 관점에서 기업이 필요로 하는 위와 같은 혁신적인 교육프로그램은 정규대학보다는 기업의 주도하에 효율적으로 운영될 수 있다는 주장과 정규대학이 특정 기업의 울타리를 넘어서는 보다 폭넓은 지식의 교류를 가능하게 한다는 주장이 맞서고 있다. 전자에 의하면 기업이 운영하는 기업대학의 경우 경영관리자들은 정규대학의 교수들과 병행하여 실제의 경영사례들을 중심으로 구성된 강의를 제공할 수 있으며, 이러한 경영교육

방식은 학습내용과 전달의 품질을 높일 뿐만 아니라 기업의 인재개발전략, 변화관리, 성장전략과의 합치를 가능하게 한다고 보고 있다. 반면, 후자는 정규대학이 운영하는 맞춤식 프로그램이 기업이라는 울타리를 초월한 광범한 CoP(Community of Practice, 지식학습공동체)의 활성화와 산업 간 노하우의 공유를 촉진시킬 수 있다고 주장한다.

이 책에서는 위의 두 가지 견해와 관련하여 블렌디드 러닝(blended learning)을 활용한 성공적 경영교육 사례를 조사하여 경영교육의 성공 가능성을 높이기 위한 다양한 방안을 정리해 보고자 한다.

한국방송통신대학교 경영학과 교수
문상원

차례 Contents

제3장 JIT 경영교육을 위한 기업대학 운영 사례

제4장   정규대학의 JIT 경영교육 사례

제1장

SCM 기법을 적용한
JIT 경영교육

1

적시(JIT) 경영교육은
왜 필요한가?

　기술혁신의 가속화, 그리고 이에 따른 제품수명주기의 단축은 지식의 효율적 활용이 기업경쟁력 확보에 있어 매우 중요한 요소로 부각됨을 말해 주고 있다. 산업사회에서 지식사회로의 급격한 전환은 기업들로서는 단지 기존 지식의 보유에 머물러서는 안 되고 적극적으로 지식을 업데이트하고 그것을 업무에 활용할 수 있는 능력과 체제를 갖추는 것이 긴요함을 깨닫게 하고 있다. 이에 따라 기업들은 지속적으로 학습하고, 또한 습득된 지식을 통하여 업무능력을 향상시키는 노력을 경주하고 있다. 이러한 학습조직이 성공하기 위해서는 학습의 대상이 추상적 내용이 아닌 실제업무와 관련된 것이어야 하며, 따라서 학습은 실제문제의 해결에 직접 활용될 수 있도록 개인화되고 적시성을 갖추어야 한다. 역으로 생각한다면, 학습은 경험의 체화를 통해 새로운 지식이 생성되는 과정이라고 말할 수 있다.

기업의 학습활동을 지원하기 위해 다양한 방법들(예: communities of practice, corporate university, centers of excellence, knowledge portals)이 활용될 수 있으며, 이들의 성공적 활용사례가 다수 보고되고 있다(Davenport and Probst, 2002; van Dam, 2004; Mahnke and Venzin, 2005; Shneier, 2006). 여기서 유념해야 할 점은 이들이 기업의 조직특성 및 사업전략과 합치되는 방향으로 설계되지 않는다면 성공적 결과가 나타날 가능성이 희박하다는 것이다(Mahnke and Venzin, 2005). 경영교육은 전통적 방식에서 탈피하여 개별화된 학습자 중심 체제로 개편되어야 하며, 이에 따라 적시의, 적정량의, 그리고 상황적합적인 교육이 제공되어야 한다.

2

JIT 경영교육에서
e-SCM 기법의 적용

2.1. e-SCM의 특성

e-SCM은 기업 내부 및 사업파트너들이 지닌 특유의 경쟁력과 경영자원을 통합하여 획기적 고객만족을 추구하는 하나의 가상조직을 이루어 내는 수단이라 할 수 있다. 공급망(supply chain)을 구성하는 파트너기업들은 일상의 영업활동에서부터 장기적 전략수립에 이르기까지 모든 업무처리와 의사결정을 위하여 실시간으로 제공되는 정보흐름과 데이터베이스를 활용하며, 이로써 이들은 통합적으로 최적화된 고객만족체제를 갖추게 된다.

2.2. e-SCM의 발전단계

고객 및 공급자들과의 협력관계가 기업경쟁력에 미치는 중요성은 인터넷 세상이 오기 이전부터 강조되어 온 것이 사실이다. EDI(Electronic Data Interchange)는 기업과 기업을 연결시켜 주는 첫 번째의 획기적 통신수단이었으며, 오늘날에도 많은 기업들이 이를 활용하고 있다. 고객주문, 송장, 선적통지 등과 같은 거래사항을 컴퓨터를 통해 전달하기 위하여 상호 협약된 표준을 사용하게 되며, 대개 전송은 VAN(Value-Added Network)을 통하여 이루어진다.

PC의 대량 보급과 통신수단의 발전은 기업경영에 또 다른 가능성을 가져다 주었다. 제품과 서비스의 전통적 유통과정을 벗어나 고객과의 직접 접촉을 통한 판매가 성행하게 되었으며, 구매에 있어서도 공급자와의 새로운 거래형태가 나타나게 되었다. Ross(2003)는 인터넷을 활용한 비즈니스의 발전을 〈표 1-1〉과 같이 4단계로 나누어 제시하고 있다.

〈표 1-1〉 인터넷을 이용한 비즈니스의 발전단계

발전단계	제1단계	제2단계	제3단계	제4단계
비즈니스의 형태	I-마케팅	e-Commerce	e-비즈니스	e-Collaboration
도입 시기	1995~1998년	1997~2000년	1998~2003년	2001~2005년

e-비즈니스의 출발점은 인터넷마케팅(I-Marketing)이라고 할 수 있는데, 이 때는 단순한 멀티미디어 기능을 활용하여 제품소개서 정도를 인터넷을 통해 제공하는 수준에 지나지 않았다. 1990년대 중반 이후에는 새로운 형태의 비즈니스 모델이 등장하였는데, 온라

인으로 물품을 팔기 위한 인터넷 상점이 그것이다. 아마존(Amazon. com), 이베이(eBay) 같은 기업들이 출현하여 이전의 I-마케팅에서의 제품광고와 함께 개별고객화된 온라인 구매를 실현시키는 전자 상점을 구현하였다. 이러한 형태의 상거래를 우리는 B2C(Business-to-Customer) 전자상거래라 부른다. B2C 전자상거래에 대비되는 개념으로서 기업과 공급업체 간의 거래를 들 수 있는데, 이를 흔히 B2B(Business-to-Business) 전자상거래라 일컫는다. B2C와 B2B가 모두 이루어져야 e-비즈니스가 제대로 이루어지고 있다고 말할 수 있다. e-비즈니스는 단순히 전자적 거래형태만을 지칭하는 것은 결코 아니며, 공급자와의 유대관계, 고객만족을 위한 다양한 노력, 그리고 이를 위한 기업 내부 및 사업파트너들과의 긴밀한 통합 등을 전자매체를 통하여 더욱 강화함으로써 기업경쟁력을 혁신적으로 높이는 경영방식이다.

마지막 단계인 e-Collaboration 내지 c-Commerce(Collaborative Commerce)는 공급망(supply chain) 파트너들과의 거래관계가 지식의 공유, 수요예측 및 영업계획의 공동수립 등과 같이 높은 차원의 협력관계로 발전된 상태를 일컫는다. 이 단계는 굳이 e-비즈니스와 별도로 취급할 성질의 것은 아니지만, 긴밀한 협력관계가 e-비즈니스의 성공을 위해 반드시 필요하다는 것을 강조하기 위해 별도로 제시된 것으로 보인다. Buhman, Kekre and Singhal(2005)은 네트워크화된 기업의 성공적 가치창출 요인으로서 기술, 업무절차, 그리고 사람의 긴밀한 통합을 강조하였는데, 그 출발점은 참여기업 간에 이루어진 적극적인 정보공유에 있음을 확인하였다.

2.3. SRM과 CRM

효율적으로 구매, 생산, 유통을 하기 위해서는 생산업체가 공급자 및 소비자와 긴밀히 협력함이 필요한데, 공급자관리시스템(Supplier Management System: SRM)과 고객관계관리시스템(Customer Relationship Management: CRM)은 이를 지원하게 된다. SRM은 공급자를 효율적으로 관리·육성함으로써 필요한 자재를 필요한 시점에 적정 품질로 공급받는 데에 그 주목적이 있으며, CRM은 고객으로부터의 정보를 A/S, 제품개발, 판촉활동 등에 활용함으로써 기업발전과 고객만족을 동시에 추구함을 그 기본 임무로 한다. 이와 같은 개념은 지식활동에도 적용될 수 있는데, [그림 1-1]은 이를 요약해 보여주고 있다.

그림에서 지식활동의 주체가 누구냐에 따라 그와 관련되는 공급자와 소비자가 달라질 수 있다. 지식활동의 주체가 기업이라면, 공

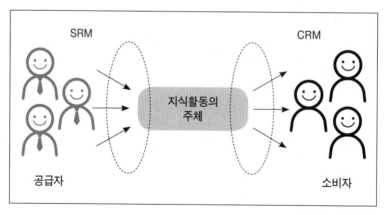

[그림 1-1] 지식생산 활동에서의 SRM과 CRM

급자는 대학, 연구기관, 또는 사내전문가가 해당될 수 있으며, 소비
자는 사내 또는 파트너사의 작업자가 될 수 있다. 이와 달리 지식활
동의 주체가 교육기관이라면, 공급자는 타 대학, 연구기관, 또는 학
내전문가가 해당될 수 있으며, 소비자는 기업 또는 일반학습자가
될 수 있다.

JIT 경영교육에서
협력체제의 중요성

3.1. 이러닝을 위한 교육자원관리

기업들 가운데에는 교육과정의 일부를 자체 운영하는 경우가 있으나, 그 교육특성은 대학의 그것과는 상이한 경우가 많다. 즉 기업 내 교육은 작업숙련이나 문제해결 중심으로 이루어진다. 기업교육은 이와 같이 학습자 중심적이라는 측면은 있으나 그 품질수준이 입증되지 못하는 반면, 대학들은 교과내용이 분야별로 전문화되어 있어 그 내용적 수준이 우수하나 교육과정의 통합성이 결여되어 있고 현장업무 능력의 향상과 직접 결부되지 않는 경우가 많다는 결점이 있다. 따라서 기업과 대학은 경영교육을 실행함에 있어 해당 기업의 현안과 목표달성에 중점을 두어야 하고, 이를 효과적으로 달성하기 위해서 다양한 방안(예: 프로젝트 수행을 매개로 한 학습, 멘토 프로그램의 제공, 개별화된 맞춤식 학습, 그룹활동을 통한 학습 등)을 활용하여야 한다.

이러한 혁신적인 교육프로그램은 대학보다는 기업의 주도하에 효율적으로 운영될 수 있는데(Baets and Linden, 2003), 경영분야의 교수들과 전문가들은 이 과정에 있어 다양한 역할(예: 교수자, 프로젝트 감독자, 교육프로그램 설계자 또는 컨설턴트, 기업과 대학과의 연결고리)을 담당할 수 있으며, 기업관리자들은 대학 교수들과 병행하여 실제의 경영사례들을 중심으로 한 강의를 제공할 수 있다. 이러한 경영교육 방식은 학습내용과 전달의 품질을 높일 뿐만 아니라, 기업의 인재개발전략, 변화관리, 성장전략과의 합치를 가능하게 한다. 이 방식에서 얻을 수 있는 또 하나의 이점으로 여러 기관으로부터 최고의 전문가를 선택해 활용할 수 있음을 들 수 있다. 세부 분야별 최고의 전문가는 여러 대학 또는 연구기관에 분산되어 있으므로 기업은 자사가 가장 필요로 하는 전문가를 개별적으로, 그리고 직접적으로 활용할 수 있다. 더구나 이 방식은 교육프로그램 내에 들어 있는 특정한 모듈들을 일부 수정하거나 편집하여 다른 프로그램에 활용하는 방식으로 비용의 절감을 가능하게 한다. 이러한 기업주도의 교육프로그램 방식을 통하여 창의적이고 실용적인 교육이 가능함을 인식할 수 있다.

3.2. 중소기업의 경영교육: 교육기관과의 협력체제

자체적인 교육시스템을 구축·운용할 능력을 갖추지 못한 중소기업의 경우에는 특정 교육기관과 제휴함으로써 위와 같은 경영교육 목표에 근접할 수 있다. 단, 이는 기업으로부터의 학습자가 대학과 개별적 학습계약을 체결하고 학위 또는 자격증 프로그램을 이수할 수 있는 교육환경이 갖추어짐을 전제로 하는데, 이러한 교육환경은 현재 진행되고 있는 맞춤식 교육의 추세로 볼 때 충분히 실현 가능한 것으로 판단된다. 이 때 기업 내의 문제해결을 위한 프로젝트 수행을 개인적 학습계약의 주목표로 하여 이를 효율적 학습수단으로 사용할 수 있는데, 학습자는 교수의 지도하에 콘텐츠 베이스로부터 프로젝트의 성공적 수행에 필요한 과목을 선별하여 이수할 수 있게 된다. 콘텐츠 베이스는 맞춤식 교육의 효율성을 높이는 데에 필요한 것으로 각 대학은 이를 구축·운영하는 전문기관과 제휴하여 각자의 교육시스템을 운영할 수 있다. 콘텐츠 전문기관은 콘텐츠의 개발, 수집, 유통, 그리고 교육네트워크를 운영하는 역할을 담당할 수 있는데, 예를 들어 한국방송통신대학교와 같은 원격교육전문기관은 자체적으로 개발한 교육콘텐츠뿐 아니라, 타 기관에서 개발한 콘텐츠 유통의 허브(hub) 역할을 담당함으로써 다수의 대학과 기업에 대해 효율적인 경영교육을 지원할 수 있다. 또한 과목 이수는 프로젝트의 수행과정에서 필요한 시점에 맞추어 이루어짐으로써 학습의 효과가 현장과 직접 연결되게 하며, 그럼으로써 프로젝트에 기반한 학습방식은 기업에 실질적인 경제적 이득을 가져올 수 있다.

최근 이러닝(e-learning)에 있어 LO(Learning Objects)의 중요성이 강조되고 있는데, 이러한 재활용 가능한 LO의 개발과 활용은 콘텐츠의 접근성을 높여 이의 재사용 횟수를 높임으로써 고품질의 콘텐츠 제작비용과 노력이 획기적으로 절감될 수 있게 한다(Cao and Zhang, 2006).

3.3. 이러닝에서의 개별고객화 추구

이러닝(e-learning)과 전자상거래는 일맥상통한 점이 발견되는데, 개별화와 고객만족 추구가 그것이다. 개별화란 개별고객 또는 고객군의 선호도에 따라 맞춤 콘텐츠를 제공함을 의미하는데, 학습 선호도는 학습자에 의해 직접 표현되거나 학습자와 학습시스템의 상호작용을 추적함으로써 도출될 수 있다. 전자상거래에서 개별화는 방문고객들이 관심품목에 집중할 수 있도록 도와주며(Lepouras and Vassilakis, 2006), 목표고객을 대상으로 구매제안 및 판촉활동을 하기도 한다. 그러나 현재까지 이러닝(e-learning)에서는 이러한 반응적 체제의 구축이 매우 미흡하며, 따라서 학습자는 그가 필요로 하는 교육목표를 달성하기 위해서 많은 시간을 비효율적으로 사용하게 된다. 우리는 이러닝(e-learning)에 있어서도 학습자의 정보통신기술 수준 및 지식수준에 반응하는 시스템을 설계하고 운용할 필요가 있는데, e-Questionnaire의 활용은 이를 위한 유용한 수단으로 제시되고 있다(Paraskevi and Kollias, 2006). e-Questionnaire를 통하여 학습자의 지식수준, 담당업무, 정보통신기술 수준, 그리고 학습 선호도 등을 학습 이전 및 이후에 파악할 것을 제안하고 있는데, 그 주요 목적은 학습자를 집단고객화(mass customization)하여 학습콘텐츠의 개발과 제공을 효율적으로 달성하는 데 있다.

4

지식경영과 이러닝의 활용

4.1. KMS와 ITS

지식경영시스템(Knowledge Management System: KMS)과 지능형 학습지도시스템(Intelligent Tutoring System: ITS)은 학습조직이 갖추어야 할 두 개의 수레바퀴라 할 수 있는데, 이들은 학습자가 지식을 습득할 수 있게 지원한다는 점에서는 공통점이 있으나, 그 구축 동기는 상이하다. ITS는 현장훈련 및 교육을 위해 사용되며, 또한 조직 구성원들이 향후에 필요로 할 정형화된 지식을 제공하기도 한다. 여기서는 인간을 대체하는 컴퓨터 튜터가 학습을 지도하게 되며, 이 컴퓨터 튜터는 '학습자의 지식수준 파악 → 학습자의 지식수준과 필요지식수준과의 격차 산정 → 새로운 지식의 이전'이라는 과정을 거쳐 그 역할을 수행하게 된다(Rosic, Glavinic and Stankov, 2006). KMS는 특정한 상황하에서 작업자가 효율적으로 일을 할 수 있도록 도와주는 역할을 하는데, 여기서는 작업자가 작업수행을 위한 기본지식을 이미 보유하고 있는 상태임을 가정한다.

지식에는 두 가지 유형이 있다고 할 수 있는데, 암묵적(tacit) 지식과 현시적(explicit) 지식이 그것이다. 현시적 지식이란 공식적이고 체계화된 지식, 규칙, 그리고 업무절차라 할 수 있는데, 이러한 종류의 지식은 전달과 교육이 용이하다. 반면, 암묵적 지식은 개인적 체험에 근거하는 경우가 많으므로 이를 확인하고 전달하기가 쉽지 않으며, 개인의 특성에 따라 문제해결 방식이 달라지기도 한다. KMS는 현시적 지식은 물론 암묵적 지식의 공유를 추구하기도 하는데, 세계은행의 주제별 그룹활동(Shneier, 2006), 지멘스사의 지식협력체제(Davenport and Probst, 2002), LG CNS의 Biz-Community 활동(이재규 외, 2003), 포드자동차사의 eBPR(Wolford and Kwiecien, 2004) 등은 이의 좋은 예라 할 수 있다. 포드사의 사내 웹사이트는 전 세계에 걸쳐 운영되고 있는 업무부서들이 효율적이고 증명된 업무방식들을 공유하게 함으로써 기술의 중복개발, 업무의 시행착오 등을 최소화하는 역할을 수행하고 있다.

한편, 기업들은 지식경영뿐 아니라 이러닝을 통해 새로운 업무지식을 효율적으로 습득할 수 있는 체제를 갖추어 나가고 있는데, 그 대표적 예로 맥도날드사의 신입사원훈련프로그램(van Dam, 2004), 싱귤러 와이어리스사의 현장 중심적 이러닝시스템(Rosenberg, 2006) 등을 들 수 있다. 이러닝에 의한 맞춤형 학습기회의 제공은 대학들에 의해서도 활발히 전개되고 있는데, 하버드대학의 회계학 기초과정 및 컬럼비아대학의 언어학습과정(Schank, 2002), 그리고 이보다

한 단계 발전된 형태로서 듀크대학의 지구촌 MBA프로그램(Baets and Linden, 2003)과 필딩경영대학원(Fielding Graduate Institute)의 현장 지향적 조직설계 과정(Gibbons and Brenowitz, 2002) 등을 그 예로 들 수 있다.

이러한 기업 및 대학들의 노력에도 불구하고 KMS와 ITS가 본격적으로 결합되어 운영되고 있는 사례는 그리 많지 않다. 시스코 사의 이러닝(e-learning) 시스템은 ITS를 KMS와 함께 활용한 적절한 예라 할 수 있는데, 여기에서는 웹을 기반으로 한 상호 통신, 지식의 전달, 부서 간 협력, 개인화된 학습 등 전반적인 지식활동을 통하여 이러닝(e-learning)이 기업성과에 직결되게 설계되어 있으며 (Kelly and Bauer, 2004), 국내에서는 LG전자 등의 선도기업이 지식경영과 이러닝을 통합하는 노력을 기울이고 있는 것으로 파악되고 있다(김효근 외, 2005). 그러나 이러한 선도기업들의 시스템에서도 지식 및 교육자원의 공유가 사내 또는 일부 제휴기관과의 제한된 범주에 머무르고 있어 KMS와 ITS가 최적으로 통합된 상태와는 아직 거리가 먼 것으로 보인다.

4.2. KMS와 ITS의 통합을 위한 아키텍처

KMS와 ITS의 통합적 운용을 위해 갖추어야 할 요소들은 다음과 같다. 첫째, 지식 베이스를 구성할 내부 및 외부 정보자원이 필요하다. 이의 대표적 예로 디지털화된 접근 용이한 참고자료 및 논문들이 담겨 있는 전자도서관의 구축, 파트너 기업 또는 기관들의 지식 베이스와의 연계 운용 등을 들 수 있다. 이의 유용성을 높이기 위해서는 정보여과장치 및 전용탐색엔진 등을 구비함이 필요하며, 학습자들이 특정 전문분야에서의 지식수준을 높일 수 있도록 전문분야 교과목의 제공도 병행 추진되어야 한다. 둘째, 지식 및 학습의 관리를 위한 시스템이 갖추어져야 한다. 즉, 협업 및 통신기술, 콘텐츠 관리, 가상학습기술, 포털관리, 학업관리시스템(LMS) 등의 도구들이 뒷받침되어야 한다. 마지막으로, 개별 학습자를 위한 유연하고 반응적인 상황적합적 학습기능의 제공이 필요하다. 개별 학습자의 지식수준, 그리고 현장임무 및 역할에 맞추어 적시에 학습 커리큘럼이 제공되며, 또한 학습성과 및 진척도가 지속적으로 평가되어 다음의 학습목표가 조정되어 나가는 맞춤형 학습시스템이 그것이다.

KMS와 ITS를 결합하여 상황적합적 지식공유 및 학습활동이 효율적으로 이루어질 수 있게 하기 위하여 연구자는 [그림 1-2]와 같은 방안을 제안하는 바이며, 아울러 동 방안의 구현과 이의 유용성에 대한 검증은 향후의 추진과제로 제시하고자 한다.

4.3. 교육자료의 공유와 재활용을 위한 표준화 추구

네트워킹기술, 특히 웹의 출현은 이러닝(e-learning) 시스템 상호간 연결을 가능하게 만들고, 이로써 지식자원의 폭넓은 공유가 추진되어 왔다. 이 때 해결해야 할 가장 우선적 과제로서 이러닝(e-learning) 시스템의 상호 이용, 학습자의 정보과다 현상 해소, 그리

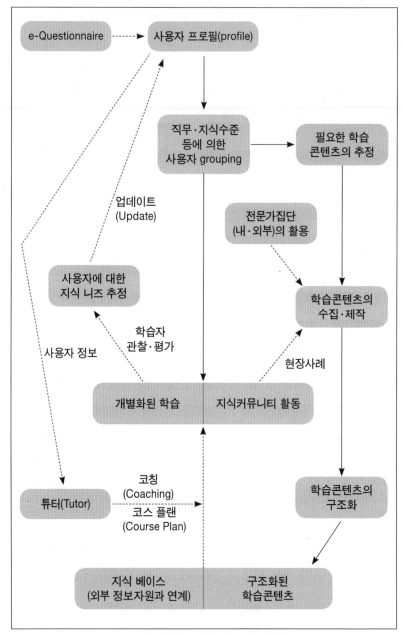

[그림 1-2] 반응적 지식·학습관리 시스템

고 기존 지식자원의 재활용 등을 들 수 있다. 이를 위해서는 시스템의 상호 이용과 지식의 재활용을 용이하게 만드는 표준화된 학습자료의 개발이 필수적이다. 즉 이러닝(e-learning) 환경하에서의 학습콘텐츠는 메타데이터(metadata)와 시맨틱스(semantics)가 연계된 작은 LO를 지향하여야 한다. 콘텐츠가 지닌 의미에 기반하여 연관관계가 부여된 표준화된 형태의 지식자원들의 상호 이용이 가능할 때 시맨틱(semantic) 웹은 이러닝(e-learning)을 위한 유망한 기술로 인정받게 된다. 학습자료를 의미상 연관된 작은 LO들로 세분화함으로써 시맨틱 웹에 기반한 이러닝(e-learning) 시스템은 개별 학습자의 요구에 효율적으로 대응할 수 있게 된다.

5

요약 및 시사점

경영교육은 대학과 기업의 상호 협력체제하에 효율적으로 전개될 수 있다. 특히 원격교육기관들은 기업 및 타 교육기관과의 연계를 통하여 표준화된 학습콘텐츠를 개발·수집·유통하고, 또한 이를 학위 및 직업 교육프로그램에 활용함이 필요하며, 기업들은 그 특성에 맞는 자체적인 지식경영 및 학습체제를 구축하고 대학과의 협력하에 그 효과를 극대화함이 바람직하다. 학습조직의 성공적 구축과 운용을 위한 두 개의 축인 KMS와 ITS, 바꾸어 말해서 지식경영과 이러닝(e-learning)이 긴밀하게 연결될수록 그것이 기업에 미치는 긍정적 효과는 커질 것으로 기대된다.

한편, 개별 학습자의 니즈에 맞추어 학습설계를 개인화하는 작업은 아직 갈 길이 먼 목표로 남아 있는 것이 사실이다. ITS는 최근의 관련 기술 발전에도 불구하고 시스템의 개발 및 유지비용이 매우 높으며, 시스템 간 상호 연계성도 미흡한 실정이다. 특히 학습조직 간 공유와 재활용이 가능한 학습콘텐츠의 개발을 위한 인프라가 갖추어져 있지 않다는 점이 그 발전을 가로막고 있다고 볼 수 있는데, 그 주요 근거로 다음을 들 수 있다(Wiley, 2002; Cao and Zhang, 2006). 첫째, 전문가들 간에 어떤 ontology(분류기준)를 채택해야 할지에 대해 의견의 합치가 되지 않고 있으며, 더구나 지식분야의 변천에 따라 ontology 자체가 변경될 수 있다. 둘째, 교육네트워크상에서 적합한 LO를 효율적으로 발견하고 새로운 교과목의 동적 구성이 가능하기 위해서는 semantic web(유관 내용연결 웹)과 web services(웹을 통한 소프트웨어 공동사용 서비스)의 결합이 필요하므로 이를 위한 방안이 강구되어야 한다.

결론적으로, 개별화되고 상황적응적인 이러닝(e-learning) 시스템의 개발과 운용은 경영교육이 달성해야 할 중요한 과제이며, 이를 달성하기 위해서는 대학, 기업 등 여러 지식활동 주체들의 긴밀한 협력, 그리고 이를 효율적으로 수행하기 위한 인프라의 구축이 필요하다.

제2장

블렌디드 러닝을 통한
JIT 경영교육

1

현장 중심의 경영교육

경영교육은 전통적 방식에서 탈피하여 개별화된 학습자 중심 체제로 개편되는 추세에 있으며, 이에 따라 기업들은 적시의, 적정량의, 그리고 상황적합적인 교육의 제공을 추구하고 있다. 기업의 학습활동을 지원하기 위해 다양한 방법들(예: 지식동아리, 사내대학, 지식포털 등)이 활용될 수 있으며, 이들의 성공적 활용사례가 다수 보고되고 있다(Davenport and Probst, 2002; van Dam, 2004; Shneier, 2006). 여기서 유념해야 할 점은 이들이 기업의 조직특성 및 사업전략과 합치되는 방향으로 설계되지 않는다면 성공적 결과가 나타날 가능성이 희박하다는 것이다(Argote, 1999; Moshaiov, 2005; Mahnke and Venzin, 2005). 또한 Argote는 학습활동의 효율화 측면에서 부서간 업무의존성과 제품의 유사성이 높아질수록 학습조직의 운용범위가 커질 필요가 있음을 강조하였다. 따라서 기업들은 이러닝(e-learning)의 활용을 통해 온라인(on-line) 교육과 인클래스(in-class)

교육의 통합에 의한 효율적 직원교육 체제를 운영함과 동시에 그 교육내용 또한 업무와 긴밀하게 연계된 현장 중심적인 것으로 개편하여야 한다.

본문으로 들어가기 전에 우리는 일단 블렌디드 러닝(Blended Learning)이 무엇을 의미하는지를 정리해 둘 필요가 있다. 관련 연구자들 중에는 온라인(on-line)과 오프라인(off-line)이 결합한 학습형태를 일컫기도 하고 때로는 현장업무와 교육이 직결된 학습형태를 일컫기도 하는데, Wilson and Smilanich(2005)는 "경영목표를 가장 효율적으로 달성하기 위해 설계된 두 가지 이상의 요소가 결합된 효율적 학습형태"를 블렌디드 러닝(Blended Learning)으로 정의하고 있으며, 우리는 이 견해를 수용하고자 한다.

블렌디드 러닝을 통한 JIT 경영교육의 실현 모형과 사례

2.1. 지식경영을 활용한 JIT 교육

지식에는 두 가지 유형이 있다고 할 수 있는데, 암묵적(tacit) 지식과 현시적(explicit) 지식이 그것이다. 현시적 지식이란 공식적이고 체계화된 지식, 규칙, 그리고 업무절차라 할 수 있는데, 이러한 종류의 지식은 전달과 교육이 용이하다. 반면, 암묵적 지식은 개인적 체험에 근거하는 경우가 많으므로 이를 문서화하고 전달하기가 쉽지 않으며, 개인의 특성에 따라 문제해결 방식이 달라지기도 한다. 지식경영시스템은 현시적 지식은 물론 암묵적 지식의 공유를 추구하기도 하는데, 세계은행(World Bank)의 주제별 그룹활동(Shneier, 2006), 지멘스사의 지식협력체제(Davenport and Probst, 2002), 제록스(Xerox)사의 유레카(Eureka) 프로젝트(Lehaney et. al., 2004), LG CNS의 비즈 커뮤니티(Biz-Community) 활동(이재규 외, 2003), 포드자동차의 eBPR(Wolford and Kwiecien, 2004) 등은 이의 좋은 예라 할 수 있다. 여기에서는 지식경영을 통하여 학습조직을 구현한 모범적인 예로서 세계은행의 사례를 약술한다.

✸ 세계은행의 지식경영시스템 ✸

1996년 10월 세계은행과 IMF 연차총회에서 세계은행 총재인 제임스 울펀슨은 세계은행이 지닌 개발 관련 노하우를 모든 사람이 공유할 수 있는 지식은행으로 변모할 것임을 선언하고 이를 효과적으로 달성하기 위한 혁신적 노력을 경주하였다. 지식의 공유활동에 중심이 된 것은 주제별 그룹인 지식동아리(communities of practice)를 통한 조직문화의 변혁인데, 거기에는 기본적으로 개발노하우의 수집으로부터 출발하여 정보의 공급자(보유자)와 수요자를 직접 연결시키는 일을 실현할 수 있는 지식경영시스템이 주축이 되고 있다. 최근 들어 세계은행은 지식공유프로그램과 학습프로그램을 결합하려는 노력을 기울이고 있는데, 여기에는 지식경영의 뛰어난 사례로 손꼽히고 있는 세계은행의 개발노하우 공유를 위한 지식경영시스템을 소개하고자 한다.

1) 경영환경 및 시스템 개발목표

세계은행은 1944년 제2차 세계대전 직후부터 60여 년 동안 국제적 개발을 위한 정책연구의 수행과 그 노하우의 전파를 위해 애써왔다. 그러나 정보기술의 발달은 세계은행 노하우의 전파 가능성을 큰 폭으로 확대시키고 있으며, 이 가능성을 실현하기 위해서 세계은행은 관련 정보와 경험을 한데 모으고 그것을 전 세계의 고객과 공유할 수 있도록 하는 시스템적 투자를 요구받게 되었다.

세계은행은 단지 자금을 빌려주는 차원을 넘어서 저개발 내지 개발도상 국가들이 가난에서 벗어날 수 있도록 대출, 정책자문, 기술지원, 그리고 여타 필요지식을 제공하는 개발대리인 역할을 행한다. 역사적으로 세계은행은 개발대리인으로서 개발프로젝트를 위한 대출을 제공함과 동시에 지식과 자문을 함께 제공해 왔다. 세계은행이 '지식은행'으로서의 변혁을 선언한 데에는 자금 못지않게 지식의 제공이 세계은행의 역할에서 매우 중요한 부분을 차지하고 있음을 인식하게 해 준다.

세계은행은 가난 퇴치를 위해 연간 300여 개발프로젝트에 수백억 달러를 제공하고 있는데, 가난으로부터의 탈출은 매우 복잡하고 다차원의 문제들을 내포한다. 워싱턴 D.C.(Washington D.C.)에 본부를 둔 세계은행은 84개 국에 사무소를 두고 있으며 그 직원 수는 8천 명에 이르고 있다. 1990년대 후반까지도 세계은행의 직원들은 주로 본부에서 일했고 각국의 사무소는 소규모로 운영되었다. 그러나 '지식은행' 선언 이후 각국의 사무소들은 규모와 의사결정 권한면에서 확대되어 갔는데, 그것은 고객이 개발과정에 참여할 수 있는 폭을 확대하기 위한 것이었다. 이러한 분권화의 추진 배경에는 물론 전사적 통신망, 인터넷, 위성통신, 화상회의시스템과 같은 정보통신기술의 발달에 의해 지식공유와 통신이 한층 효율화된 사실이 작용하고 있다.

2) 시스템의 구조 및 역할

'지식은행'으로의 변혁을 위하여 세계은행의 조직구조는 매트릭스 형태로 변화하였다. 이것은 한 축에는 6개의 지역(아프리카, 동유럽 및 중앙아시아, 중동 및 북아프리카, 라틴아메리카, 남아시아, 동아시아), 다른 한 축에는 20여 개의 업무부문이 배치되어 있는 형태가 될 수 있다.

지식의 공유활동에서 가장 먼저 해야 할 일은 직원들이 어떤 정보를 어떤 형태로 원하는가를 파악하는 일일 것이다. 세계은행은 각 부문의 직원들을 상대로 전자매체에 의한 미팅을 통하여 그들이 원하는 것이 업무 관련 문서 및 책자, 베스트 프랙티스, 사내·외의 관련 정보 보유자 안내, 관련 업무의 담당자 이름과 소재 등임을 확인하였으며, 이러한 요구에 맞추어 지식경영시스템을 구축하였다. 이에 따라 어떤 주제에 대한 해결의지와 관련 노하우를 공유하기 위한 협업적 노력을 시도한 초기형태의 지식동아리가 생겨나게 되었고, 이것이 발전하여 세계은행이 자랑하는 지식동아리인 주제별 그룹(thematic group: TG)의 탄생이 이루어지게 되었다.

TG라 불리는 지식동아리는 단일 업무부문 내에서 운용될 수도 있고 때로는 다수 부문을 포함할 수도 있다. 그들은 조직경계를 넘어 지식의 공유를 가능하게 할 뿐 아니라 외부전문가나 고객과의 연결도 막힘 없이 이룰 수 있다. 즉 TG는 어느 지역과 네트워크에 연결된 직원뿐 아니라, 외부의 파트너들까지 포함하여 운용된다. TG는 자발적으로 운용되며 예산도 공식적으로 지원되지 않으나 전화번호부에는 정식으로 등재되며 인트라넷과 인터넷 웹사이트도 공식적으로 제공된다.

TG의 운영자들은 그룹에 속한 직원들에게 그들의 베스트 프랙티스 내지 자신만의 스토리를 적어 내기를 요구하기보다는 그들이 담당하고 있는 업무 중 한두 가지를 토론장에 올려 사내·외의 관련자들과 토론할 수 있는 기회를 조장한다. 그러면 그 토론내용이 관심 있는 직원들에게 광범하게 유통된다. 지식경영 담당자들은 노하우 그 자체를 수집하는 일보다 업무에 관한 질문을 가진 사람과 그 대답을 아는 사람을 연결시켜 주는 일이 더욱 중요하다는 것을 인식하기 시작하였고 노하우의 수집과 사람 간의 연결, 이 두 가지 작업에 균형을 맞추기 위해 노력의 초점을 맞추었다.

3) 시스템의 효과 및 시사점

정보통신기술의 발달은 사내·외 및 전 세계에 걸쳐 지식공유를 용이하게 하므로 이를 조직의 경쟁력 향상을 위해 적극 활용할 것이 요구된다. 세계은행의 경우 TG는 비공식적 토론에 의한 무형지식의 공유를 이루어 내는 데 성공적 역할을 한 점에서 높이 평가되어야 마땅하며, 이로써 개발노하우를 전 세계에 산재한 세계은행의 직원과 고객에게 전파하고 발전시키는 데에 큰 역할을 하였다. 그러나 시간이 흐름에 따라 경영층의 관심은 공식적 학습프로그램으로 옮아가고 있는 것이 사실이다. 다수 업무부문 내에서 TG는 비공식적 학습활동의 70% 가량을 점하고 있을 뿐 아니라 공식적 학습프로그램에도 공헌하고 있음에도 불구하고 이제는 시대의 요구에 따라 학습프로그램과의 시스템적 통합을 이루어 내지 않으면

안 될 시점에 와 있다.

2.2. 이러닝을 활용한 JIT 교육

한편, 기업들은 지식경영뿐 아니라 이러닝을 통해 새로운 업무지식을 효율적으로 습득할 수 있는 체제를 갖추어 나가고 있는데, 그 대표적 예로 맥도날드사의 신입사원훈련프로그램과 블랙앤데커(Black & Decker)사의 현장업무습득프로그램(van Dam, 2004), 싱귤러 와이어리스사의 현장 중심적 이러닝시스템(Rosenberg, 2006), 온라인(on-line)과 오프라인(off-line)을 결합한 4단계로 이루어진 IBM사의 관리자능력개발프로그램(Lewis and Orton, 2006) 등을 들 수 있다. 이러닝에 의한 맞춤형 학습기회의 제공은 대학들에 의해서도 활발히 전개되고 있는데, 하버드대학의 회계학 기초과정 및 컬럼비아대학의 언어학습과정(Schank, 2002), 그리고 이보다 한 단계 발전된 형태로서 듀크대학의 지구촌 MBA프로그램(Baets and Linden, 2003)과 필딩경영대학원(Fielding Graduate Institute)의 현장지향적 조직설계 과정(Gibbons and Brenowitz, 2002) 등을 그 예로 들 수 있다. 여기에서는 블랙앤데커사와 필딩경영대학원의 현장 중심적 이러닝 사례를 약술한다.

❈ Black & Decker사의 마케팅실무교육프로그램 ❈

블랙앤데커사는 동력기기 및 부속품, 가옥용 건자재, 가정용 전기기구 등을 제조·판매하는 세계 유수의 기업이다. 동사의 미국 내 동력기기 및 부속품 사업부문에서는 매년 150명 가량의 신규 판매직원이 입사하고 있는데, 이들은 메릴랜드주에 위치한 본사에서 2주간의 교육과정을 이수해 왔다. 1998년에 이르러 동사의 사내대학인 Black & Decker University(BDU)는 인력의 효율적 활용 차원에서 웹기반 강의프로그램을 개발하기 시작하였고, 2001년에는 교실 중심의 신입사원 교육과 온라인 강의를 결합한 블렌디드 러닝(Blended Learning) 프로그램을 도입하기에 이르렀다.

1) 경영환경 및 시스템 개발목표

디월트(DEWALT)는 블랙앤데커사의 브랜드명으로서 BDU가 개발한 DEWALT 마케팅실무교육프로그램은 16개의 이러닝 과정과 OJT 및 교실 내 교육을 결합하여 운용하고 있다. 신입사원 중 상당수가 자신이 판매할 제품인 동력기기를 사용하거나 판매한 경험이 전무한 상태이므로 이들이 고객들을 DEWALT 브랜드로 유인할 수 있는 자신감을 갖도록 교육시키는 일이 필요하였으며, 동 교육프로그램은 이를 위한 효율적 교육수단으로서 자리매김하고 있다. 또한 동 교육프로그램은 이 분야의 신입사원들이 입사한 때로부터 이들의 인력개발을 담당하게 되는 판매 및 마케팅 그룹이 주도하고 있어 그 성격이 실무지향성을 유지하고 있다.

블랙앤데커사의 이러닝 프로그램은 다음의 4가지 사업목표를 달성하는 데에 그 주안점을 두고 있다.

— 제품에 관한 지식과 판매기법의 습득

— 신입사원이 판매조직에 신속히 융화할 수 있도록 함.

— 리더의 육성

— 시장점유율 및 수익성 향상을 위한 기술력의 확충

2) 시스템의 구조 및 역할

신입판매사원은 제품에 대한 기술적 세부사항에 관한 지식뿐 아니라 경쟁사 제품보다 자사의 제품이 현장에서 어떻게 높은 활용성을 구현할 수 있는가 등과 같은 응용능력까지 보유할 것이 요구된다. 이러한 목적을 달성하기 위한 BDU의 블렌디드 러닝(Blended Learning) 프로그램은 다음 4가지의 구성요소를 지닌다.

— 이러닝: 사전평가, 16개의 자기통제형 이러닝 코스, 그리고 사후평가로 이루어짐.

— OJT: 상급자의 지도하에 현장에서 고객을 응대하는 등의 현장경험 축적

— 교실 내 교육: 1주 간의 실무응용교육 및 최종시험으로 구성

— 멘토링: 1대1 멘토링에 의한 현장에서의 지식활용, 그리고 최종 온라인시험으로 구성

이 중 자기통제형 이러닝과 OJT 프로그램은 동시에 이루어지는데, 이러닝 프로그램을 구성하는 자기통제형의 각 코스는 지식경영시스템, 제품정보데이터베이스 등 관련 사이트와 연계 운영된다. 이러닝 프로그램은 30일, OJT는 2주 내지 4주가 소요되는데, 이를 통

하여 신입사원들은 세 번째 단계인 교실 내 교육프로그램을 이수할 준비를 갖추게 된다. 앞의 두 프로그램에서 제품과 고객에 관한 기본지식을 갖춘 신입사원들은 동 지식의 현장적용 폭을 넓히기 위한 토론에 교실 내 교육시간의 80% 가량을 사용하게 되며, 나머지 20%는 강사와 함께 실무실습을 행한다. 이 프로그램을 이수하게 되면 교육생들은 고객들에게 현장에서 블랙앤데커사의 제품을 효율적으로 활용할 수 있는 방법을 지도할 수 있는 능력을 갖추게 된다. 네 번째 단계인 멘토링에서는 교육생들이 현장에 돌아가 교실에서 배운 개념과 방법들을 상급자의 지도하에 실무에 활용하게 되며, 약 30일이 경과한 후 위의 4가지 프로그램의 내용을 포괄하는 최종평가를 받게 된다.

3) 시스템의 효과 및 시사점

과거의 신입사원 교육시스템에서는 적절한 숫자의 교육생이 채워질 때까지 신입사원이 기본교육을 받지 못하고 수 개월을 기다려야 하는 경우가 발생하였으나, 업무기본지식을 이러닝으로 습득할 수 있게 한 새로운 시스템하에서는 입사 직후부터 동 교육이 가능하게 되었다. 이로써 교실 내 교육시간의 단축, 출장경비의 절감, 현장업무로의 조기복귀 등이 가능하게 되었을 뿐 아니라 교육과정 또한 과거보다 충실하게 구성되고 운영되었다. 이러닝, 현장경험, 교실 내 교육, 그리고 상급자의 멘토링 등이 효과적으로 결합된 새로운 교육시스템에 의해 신입사원들은 새로운 지식과 기술로 무장되어 현장 적응력이 높아지고 있으며 이직률 또한 현저하게 감소되고 있다.

이러닝 코스의 또 다른 장점은 교육과정을 이수한 후에도 많은 사람들이 오래 된 기억을 되살리기 위해 기본코스를 다시 방문하여 반복학습하고 있다는 점, 그리고 자주 바뀌는 교육내용은 코스와 별도로 연계사이트에 저장하고 있어 시스템관리자가 시간과 비용을 들여 교육코스 자체를 빈번히 업데이트시키지 않아도 직원들이 정확한 업무정보에 항시 접근할 수 있도록 설계되어 있다는 점 등이다.

❀ 필딩경영대학원의 협업적 조직설계 프로그램 ❀

기업이 국제화함에 따라 세계 각지의 직원들이 성공적 협업을 수행하기 위한 방안으로서 VTs(Virtual Teams) 또는 GDTs (Geographically Dispersed Teams)의 활용이 증가하는 추세에 있는데, 이 때 다양한 특성을 지닌 종업원들의 재능을 충분히 활용하기 위해서는 협업을 위한 효율적 업무절차의 정립과 신뢰관계가 뒷받침되어야 한다. 필딩경영대학원이 조직설계 과정을 운영하면서 얻은 경험과 시사점은 인터넷 시대에 직원들이 국제적 협업을 성공적으로 수행하기 위해 어떠한 준비가 필요한지를 인식하는 데에 매우 유용한 것으로 생각된다.

1) 경영환경 및 시스템 개발목표

국제적 협업을 통한 조직설계 작업에서는 단위조직 및 개인 간의 이해관계나 업무환경이 서로 다르므로 이를 조정하기 위해서는 실시간으로 상호 소통하고 또한 자신의 업무반경을 벗어나 다른 사람의 시각에서 상황을 바라볼 필요가 있다. 또한 동일 장소 내에서의 협업과 마찬가지로 VTs에서도 성공적 결과가 도출되기 위해서는 협업을 위한 사전 합의된 업무진행 절차가 매우 중요하다. 따라서 프로젝트의 목적, 정책, 그리고 진행절차의 수립이 이루어져야 하는데, 특히 인터넷을 활용한 협업에 있어서는 업무진행 과정에서 불필요한 오해가 발생할 소지가 크고 이를 해소하기 위한 노력의 효율성이 저하될 수 있으므로 이러한 업무절차가 보다 공개적으로 논의되고 명확히 정의되어야 한다.

필딩경영대학원의 조직설계 과정은 업무절차의 표준화, 조직운영에서 필요한 리더십, 신뢰관계의 구축 등 현장에서 조직설계 업무를 수행하는 데 필요한 요소들을 온라인 과정을 통해 습득할 수 있도록 설계되어 있다.

2) 시스템의 구조 및 역할

조직설계 과정의 목표는 학습자들로 하여금 조직설계의 기본개념과 모형들에 대한 이해, 온라인 환경에서 팀원으로서의 역할수행, 실제현장을 대상으로 한 조직설계 업무에 관한 경험 습득, 그리고 학습자 중심의 학습경험을 갖도록 하는 것이다. 동 과정의 구성은 다음과 같이 몇 가지 단계로 정리해 볼 수 있다.

● 팀 운영을 위한 사전작업

이 단계는 매우 중요한 것으로 인식되고 있는데, 여기서는 작업

목표의 명확화, 업무절차의 정립, 그리고 합의도출 절차와 관련한
협약 등의 수행과 함께 VTs의 성공을 위해 필수적인 구성원 간 신
뢰구축 작업이 이루어진다.

- 사례 제시 및 선정

이 단계에서는 팀의 총체적 지혜와 에너지를 쏟아부을 과제를 개
발하는 작업이 이루어지는데, 이를 위해 각 팀원은 각자가 조직설
계 후보업무를 집필하여 제시하고 이 가운데 하나를 팀원들이 합
의한 선정기준에 따라 고르게 된다. 앞서 이루어진 합의도출을 위
한 협약이 활용되는 최초의 기회가 될 수 있으며, 또한 팀원 중 누
군가가 토론을 중재하고 합의를 이끌어 내는 데에 리더역할을 맡
게 되는 계기가 될 수 있는 단계로 보여진다.

- 작업계획의 수립

사례선정 작업과 병행하여 이루어지는 작업으로서, 팀에 주어진
자원을 사례의 선정 및 선정된 사례의 분석, 조직설계 대안의 도출
및 문서화, 그리고 이 대안들에 대한 타당성 검토 등을 위해 가장
효율적으로 사용하기 위한 계획을 수립하는 단계이다. 여기서 팀
은 작업스케줄을 수립하고, 개인별 역할과 책임, 그리고 리더십의
필요성 등을 논의한다.

- 프로젝트의 수행

선정된 사례에 나타난 기존 조직구조를 분석하고 강사가 제시한

개념적 모형에 입각하여 이를 개선하기 위해 조직설계 대안을 도출해 내는 단계로서 조직설계 과정의 핵심적 부분에 해당한다. 이 단계를 수행하기 위해 학생들은 강사가 부여한 과제와 질의사항들을 충분히 고려해야 하며, 조직설계와 관련한 전략, 구조, 인력, 업무절차, 보상시스템 등을 포함하여 강사의 기대를 충족시켜야 한다.

• 최종보고서의 작성

수강생들은 선정된 사례 소개, 이에 대한 분석, 설계대안 및 논리적 근거, 그리고 이에 부수한 제안사항들을 최종보고서 형태로 작성·제출해야 하는데, 개인별 보고서가 아닌 공동보고서의 작성이 요구된다. 공동보고서의 작성을 통해 수강생들은 또 다른 협업의 기회를 갖게 된다.

• 평가

조직설계 과정에서 요구하는 학습목표와 팀원들의 상호작용이 모두 중시되어야 하므로 팀의 성과와 개인의 공헌도가 모두 평가될 수 있는 방안이 강구되었다. 즉 프로젝트의 품질에 대한 평가, 팀원의 자기평가, 팀원의 다른 팀원에 대한 평가, 그리고 강사에 의한 팀원평가 등이 총합적으로 성적에 반영된다.

3) 시스템의 효과 및 시사점

필딩경영대학원의 조직설계 과정은 인터넷 환경에서 학습자들이 국제적 협업을 효율적으로 수행할 수 있도록 현장 중심적 교육을 제공하고 있다. 프로젝트 대상 기업의 조직설계를 위해 학습자 자신이 그들의 팀 운영방식을 설계해야 하는 이중적 학습구조를 지니고 있으며, 팀원들의 능동적 참여를 과정이수의 필요조건으로 하고 있어 동 과정은 기업교육이 지향해야 할 모범사례가 되기에 충분한 것으로 여겨진다.

그러나 이러한 훌륭한 운영구조에도 불구하고 몇 가지 유의해야 할 사항을 지적하지 않을 수 없는데, 그것은 언어와 문화의 장벽이 과정의 순조로운 진행에 장애요인이 될 수 있다는 점, 그리고 팀원 간 상호작용 시간의 괴리로 인한 갑갑함, 불필요한 오해의 발생과 이를 해소하는 데 걸리는 시간적 지체로 인한 혼란 등의 부작용을 해결하기 위한 방안을 강구할 것이 필요하다는 점 등이다.

3

지식경영과 이러닝의
결합을 통한 블렌디드 러닝 사례

3.1. KMS와 ITS의 결합

지식경영시스템(Knowledge Management System: KMS)과 지능형 학습지도시스템(Intelligent Tutoring System: ITS)은 학습조직이 갖추어야 할 두 개의 수레바퀴라 할 수 있는데, 이들은 학습자가 지식을 습득할 수 있게 지원한다는 점에서는 공통점이 있으나, 그 구축 동기는 상이하다. ITS는 현장훈련 및 교육을 위해 사용되며, 또한 조직구성원들이 향후에 필요로 할 정형화된 지식을 제공하기도 한다. 여기서는 인간을 대체하는 컴퓨터 튜터가 학습을 지도하게 되며, 이 컴퓨터 튜터는 '학습자의 지식수준 파악 → 학습자의 지식수준과 필요지식수준과의 격차 산정 → 새로운 지식의 이전'이라는 과정을 거쳐 그 역할을 수행하게 된다(Rosic, Glavinic and Stankov, 2006). Martens(2006)는 의학교육에 있어서 사례를 기반으로 한 인공지능

튜터링시스템의 성공사례를, Woolf and Stern(2006)은 웹에 기반한 전문분야 튜터링시스템을 소개한 바 있는데, 이들로부터 ITS의 현실적 유용성과 실용 가능성을 엿볼 수 있다. KMS는 특정한 상황 하에서 작업자가 효율적으로 일을 할 수 있도록 도와주는 역할을 하는데, 여기서는 작업자가 작업수행을 위한 기본지식을 이미 보유하고 있는 상태임을 가정한다.

3.2. KMS와 ITS를 결합한 블렌디드 러닝 사례

지금까지 기업 및 대학들의 노력에도 불구하고 KMS와 ITS가 본격적으로 결합되어 운영되고 있는 사례는 그리 많지 않다. 시스코 사의 이러닝(e-learning) 시스템은 ITS를 KMS와 함께 활용한 적절한 예라 할 수 있는데, 여기에서는 웹을 기반으로 한 상호 통신, 지식의 전달, 부서 간 협력, 개인화된 학습 등 전반적인 지식활동을 통하여 이러닝(e-learning)이 기업성과에 직결되게 설계되어 있으며 (Kelly and Bauer, 2004), 국내에서는 LG전자 등의 선도기업이 지식경영과 이러닝을 통합하는 노력을 기울이고 있는 것으로 파악되고 있다(김효근 외, 2005). 그러나 이러한 선도기업들의 시스템에서도 지식 및 교육자원의 공유가 사내 또는 일부 제휴기관과의 제한된 범주에 머무르고 있어 KMS와 ITS가 최적으로 통합된 상태와는 아직 거리가 먼 것으로 보인다. 여기에서는 시스코(Cisco)와 LG전자의 첨단적 학습조직 운영사례를 살펴본다.

❀ 시스코(Cisco)사의 성과지향적 학습문화 ❀

이러닝은 이트레이닝(e-training)과는 근본적으로 다르다는 인식하에 시스코는 이러닝을 활용하여 직원들이 자기통제하에 학습을 생활화하고 동료 및 회사의 축적된 지식자원으로부터 업무노하우를 습득함으로써 가시적인 업무성과 향상을 도출해 내는 노력을 경주하였다. 시스코가 지향하는 이러닝은 웹을 활용한 통신, 협업, 학습, 지식전달, 그리고 훈련 등을 통하여 학습자와 기업 모두에게 긍정적 효과를 가져 오는 현장문제 해결을 위한 효율적 방법이다. 다음에 소개하는 사례는 지식경영과 이러닝을 결합하여 어떻게 시스코가 긍정적이고 지속 가능한 방식으로 경영성과를 이루어 내었는가를 잘 설명해 준다.

1) 경영환경 및 시스템 개발목표

시스코의 이러닝은 제조부문에서 처음 도입되었는데, 그것은 반품처리 절차와 관련된 것이었다. 새로운 ERP 시스템의 도입에 따라 시스코는 업무프로세스의 변화를 맞게 되었는데, 이 과정에서 고객으로부터 반품된 물품에 대해 공급자로부터 대금을 회수하는 업무가 제대로 처리되지 않아 분기별로 120만 달러의 재무손실이 초래되었다. 이를 해결하기 위해 동 업무처리와 관련한 이러닝 프로그램이 도입되어 멘토의 지원하에 현장실습과 병행되어 교육이 이루어졌으며, 직원들은 이 과정을 이수한 후 온라인 평가 및 현장평가를 통과해야 했다. 이러닝 프로그램이 도입된 지 2개월 만에

약 200명의 현장직원들이 이 과정을 마치게 되었으며, 그들의 업무 처리 방식이 변화되었고 반품문제가 해결되는 결과를 가져왔다. 이후에 시스코의 제조부문에서는 공급사슬 전체에 걸쳐 이러닝과 멘토 제도를 결합한 학습커뮤니티가 활성화되어 에러 감축, 프로세스 향상, 기술평가 및 개발의 표준화 등이 진전되고 있다.

현재 수많은 이러닝 프로그램이 시스코 내에 운영되고 있는데, 그중 이러닝을 위한 통합 포털의 구축에 직접적 계기가 된 글로벌 판매조직의 경우를 살펴보자. FELC(Field E-Learning Connection)라 불리는 동 포털은 사내 여러 이러닝 프로젝트 팀 간의 협력에 의해 구축된 것이다. 1999년 초 시스코의 판매조직은 전 세계에 걸쳐 5천 명을 상회하게 되었으며, 향후 그 규모가 대폭 증가할 것으로 예상되고 있었다. 그들은 기술전문가들로서 대폭적 기업성장과 급속히 다양화되는 제품 및 기술기반에 대응하여 업무능력의 지속적 향상을 필요로 하였다. 따라서 판매조직의 경영층은 기존의 현장 훈련 방식(예: 교실 내 교육, CD-ROM 활용 등)의 한계를 절감한 나머지 표준화되고 전 세계적으로 접근 가능한 방법으로 동 부문의 기술자들이 지식을 업데이트할 수 있는 방법을 강구하게 되었다. 이를 해결하기 위해 시스코의 전사적 이러닝 시스템이 탄생하게 되었다.

2) 시스템의 구조 및 역할

판매부문의 이러닝을 위해 구성된 프로젝트 팀은 기술부문, 마케팅부문, 그리고 판매부문의 인력으로부터 내용전문가들을 차출하였으며, 차출된 내용전문가들은 특정 기술별로 그룹화하여 사내에 있는 기존 콘텐츠들을 수합하고 변형하는 작업을 수행하였다. 다음으로 이들은 사내 20여 훈련프로그램에서 필요로 하는 새로운 교육코스와 필요자원을 우선순위화하고 이에 따라 업무수행을 위해 필요한 콘텐츠를 확정하고 개발하였다. 새로운 콘텐츠의 개발은 판매 및 제품부문 간 협력에 의해 이루어졌는데, 이는 주로 현장으로부터의 요구에 근거하였다. 시스코의 이러닝 전략은 고객이 누구인가를 확인하고, 그 고객들을 세분화하여 각 부문의 요구를 파악하여 반영함을 요건으로 한다. 이러닝의 목표는 콘텐츠의 제공자, 그리고 학습자 모두의 관점에서 학습의 적시화와 유연화를 실현하는 데 있다. 시스코의 이러닝은 [그림 2-1]과 같은 이정표에 따라 발전되어 가고 있다.

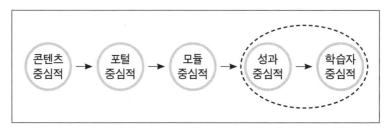

[그림 2-1] 시스코 이러닝 시스템의 발전단계

필요한 콘텐츠를 확인하고 개발하는 작업이 이루어진 후에는 학습자의 개별 니즈에 맞추어 효율적 학습이 가능하도록 설계된 웹 포털이 구축·제공되었다. 포털의 주요 기능은 사용자 인증, 특정 온라인 교육코스 또는 학습자원에 학습자를 등록하는 일, 업무에 활용 가능한 콘텐츠 탐색, 경영층에 대한 활용실적 보고, 그리고 채팅·멘토링 등과 같은 커뮤니티 접근을 원활하게 하는 것 등이다. 위에서 '모듈 중심적'이란 것은 개발된 콘텐츠를 LO(Learning Object)화하여 재활용 가능한 형태로 세분화함으로써 학습의 경제성과 유연성을 높이는 것을 의미하며, '성과 중심적'과 '학습자 중심적'은 상호간 밀접한 연관성을 지니는 것으로 학습자가 현업에 필요한 지식자원 및 학습프로그램을 자기통제하에 접근하여 이를 업무성과와 직결시키도록 설계됨을 의미한다.

3) 시스템의 효과 및 시사점

기존의 교육 또는 정보자원을 단순히 웹으로 이전시키는 것은 학습자에게 새로운 정보접근 방식을 제공하는 것은 사실이나, 웹 방식 자체가 과거의 문제를 해결하는 것은 아니다. 포털에서의 콘텐츠량이 빠르게 증가함으로써 필요한 자료를 효율적으로 찾기가 힘들어질 수 있고 혹은 자료 자체가 업데이트되지 못한 채로 정체되어 있을 수도 있다. 따라서 시스코의 경우와 같이 현장밀착형 이러닝 포털을 통하여 학습자가 웹의 유용성을 인지하고 스스로가 행동의 변화를 이끌어 낼 수 있도록 시스템이 설계되고 운영되는 것이 필요하다. 이러닝과 업무성과를 직결시킨 시스템 설계는 학습문화의 변혁을 가능하게 하는 데에 핵심적 역할을 담당한 사실을 명심해야 할 것이다.

❀ LG전자의 통합학습포털 ❀

기업들은 면대면 교육의 비적시성과 고비용의 한계를 극복하기 위해 JIT 개념에 입각한 이러닝을 도입하여 직원교육에서 발생하는 비용과 효율성의 문제를 해소해 온 것이 사실이나, 이러닝이 단지 집체교육의 대체수단으로서 이룰 수 있는 성과는 매우 한정적이라는 인식이 확산되고 있다. 기업들은 이러닝 시스템을 현장에서의 성과향상과 긴밀히 연계시킴으로써 전사적 학습조직화를 촉진하고 궁극적으로 기업의 지속적 업무성과 향상을 유도한다. 여기서는 지식경영과 이러닝을 통합함으로써 이러한 학습조직과 문화를 구축해 나가고 있는 LG전자의 경우를 간략히 정리해 본다.

1) 경영환경 및 시스템 개발목표

인터넷의 활용이 증대됨에 따라 기업교육이 집체교육 위주에서 자율학습형 사이버교육으로 변화하는 추세에 발맞추어 1998년 LG전자는 인터넷 기반의 러닝넷(learningnet)을 구축하여 현장업무와 직접 연관된 콘텐츠를 제공하기에 이르렀다. 러닝넷 운영의 필요성은 동사의 글로벌화에 따라 더욱 고조되었는데, 영문러닝넷과 중국어러닝넷이 운영되고 있는 것이 이러한 사실을 잘 나타내 준다.

LG전자의 이러닝은 성과지향적 JIT 학습을 추구하고 있는데, 이는 지식경영과 이러닝의 통합을 통해 달성이 가능한 것으로 인식되었다. 지식경영에서 지식의 공유와 창출은 지식의 공급원이라는 측면에서 매우 중요한 요소가 되는데, 이러닝은 자기통제하에 이러한 지식을 습득하여 현장에 적용하는 기회를 제공할 뿐만 아니라 지식의 창출에 밑바탕이 되는 체계화된 지식을 학습할 수 있도록 지원하는 역할을 담당한다.

2) 시스템의 구조 및 역할

LG전자는 지식경영과 이러닝을 지식경영 그룹이라는 동일 조직 내에 통합하여 운영하고 있다. 즉 현장 관련 지식을 수집·공유·학습할 수 있는 시스템을 구축하여 직원들의 효율적 학습을 가능하게 하고, 학습의 결과물들을 지식자원화하여 순환 활용하는 방식으로 지식경영과 이러닝의 통합을 시도하고 있는데, 그 특징적인 것들을 간추려 보면 다음과 같다.

- LG전자는 교실 내 교육과 이러닝을 결합한 블렌디드 러닝 (Blended Learning)을 통해 직원교육의 효율성을 높이고 있다. 예를 들어, 입사예정자와 집체교육 참가가 예정된 신입사원을 대상으로 온라인 과정을 사전에 이수하게 하고 이후에 교실 내 교육 및 OJT 실습을 이수하게 함으로써 인력의 현장투입 소요시간과 비용을 절감하게 된다. 이는 물론 KMS(지식경영시스템)와의 연계에 의해 현장업무 지식과 밀착되도록 설계되어 있다.
- KMS의 기본 운영방식을 살펴보면, 동 시스템에 예비등록된 지식들은 사내 전문가그룹에 의한 심의를 거친 후 조직지식으로 등록되며, 이러한 조직지식들은 다른 사내·외의 지식들과 함께 이러닝을 위한 콘텐츠 자료로 활용된다. LG전자의 경우 지식경

영에 참여하고 있는 지식동아리의 수가 300개를 상회하고 있으며 이들을 대상으로 현장지식 공모 이벤트를 정기적으로 열기도 한다.

- 이러닝이 KMS 및 ERP와 연계되어 있어 현업수행을 위한 JIT 학습과 현장적용이 가능하도록 설계되어 있다.
- KMS와 이러닝의 통합을 위하여 이들 간 인프라 기반을 공유하기로 합의함으로써 이러닝사이트에 접속하지 않고서도 KMS에서 통합검색을 통해 이러닝 교육과정의 조회, 수강신청, 수강 등이 모두 가능하도록 되어 있다.

KMS와 이러닝, 그리고 교실 내 교육과 멘토에 의한 현장지도 등을 결합한 안양연구소의 블렌디드 러닝(Blended Learning) 사례를 통해 LG전자의 학습조직 운영방식을 보다 구체적으로 이해할 수 있다. LG전자 안양연구소의 NRP(New Researcher Project) 과정에서는 신입사원들을 4명씩 분임조를 만들고 분임조별로 3개월 내에 해결해야 할 문제를 부여하며, 이 문제해결을 도울 수 있는 연구소의 선임사원들을 멘토로 위촉한다. 신입사원들은 3개월 간 업무현장에서 온라인 커뮤니티 사이트 등을 활용한 정보교류를 통해 문제해결을 위한 활동을 전개하는데, 동사이트에는 문제해결을 위한 각종 학습자료가 제공되며 분야별 전문가들도 소개되어 있어 언제든 접촉하여 질의응답을 행할 수 있다. 이 과정 중에 4일 간의 교실 내 교육과 5개의 온라인 과정이 포함되는데, 각 분임조는 온·오프 모임을 통해 자율적인 학습활동을 진행하며 과제수행 단계별로 문제

해결을 위한 보고서를 제출한다. 이 과정은 특히 현업의 상황과 유사한 문제를 과제로 부여함으로써 학습동기 및 현장업무 능력 향상을 촉진하였고 학습과 현장업무를 긴밀히 연계시켜 나가는 학습조직으로의 발전을 시도한 것이 주목할 만하다.

3) 시스템의 효과 및 시사점

KMS의 경우 외부와의 접촉과 관련한 보안상 문제의 해소와 내부접속의 최적화를 위하여 인트라넷 기반으로 운용됨이 바람직하나 이러닝의 경우에는 글로벌 학습자를 포함한 다양한 학습자가 편리하게 사용할 수 있도록 인터넷 기반의 시스템을 운용하는 것이 좋다는 점에서 서로 상충하는 기술적 갈등이 빚어질 수 있다. 지식경영은 회사의 지적 재산을 효율적으로 관리하고 사내 혁신활동을 지원해야 하는 역할을 담당하는 반면, 이러닝은 교육과정의 개발과 운영을 주업무로 하고 있다는 점에서 그 특성은 매우 상이하다.

LG전자는 이를 해결하기 위해 지식경영과 이러닝 간 업무프로세스의 특성상 차이점을 고려하되 사용자 인터페이스를 효율화하기 위한 인프라의 통합을 추진하였다. 그러나 내부지향적인 KMS와 외부지향적인 이러닝은 그 특성상 차이점으로 인해 기술적 기반만 같이 한 채 한 동안 독자적으로 업무를 추진해 온 것이 사실이고, 향후 이들의 통합을 위한 지속적 노력에도 불구하고 업무프로세스의 진정한 통합에는 다소 어려움이 존속할 것으로 우려된다.

4

요약 및 시사점

조직과 업무의 특성에 따라 학습조직의 운영형태를 달리해야 함은 Argote(1999) 등에 의해 지적된 바 있으며, 기업경영기법의 맹목적 세계화를 경고하며 이러닝(e-learning)에 있어서도 지역별 문화와 관습의 차별성이 존중되어야 한다는 주장이 제기되고 있는 것이 사실이다(Robins and Webster, 2002; Dunn and Marinetti, 2008). 그러나 지식경영과 이러닝(e-learning)은 이러한 지적들을 감안하여 효율적으로 운영된다면 기업경쟁력의 향상에 매우 유익할 수 있음은 말할 필요가 없다.

이러닝(e-learning)과 전자상거래는 일맥상통한 점이 발견되는데, 개별화와 고객만족 추구가 그것이다. 개별화란 개별고객 또는 고객군의 선호도에 따라 맞춤 콘텐츠를 제공함을 의미하는데, 학습 선호도는 학습자에 의해 직접 표현되거나 학습자와 학습시스템의 상호작용을 추적함으로써 도출될 수 있다. 전자상거래에서 개별화

는 방문고객들이 관심품목에 집중할 수 있도록 도와주며 목표고
객을 대상으로 구매제안 및 판촉활동을 하기도 한다(Lepouras and
Vassilakis, 2006).

그러나 현재까지 이러닝(e-learning)에서는 이러한 반응적 체제의
구축이 매우 미흡하며, 따라서 학습자는 그가 필요로 하는 교육
목표를 달성하기 위해서 많은 시간을 비효율적으로 사용하게 된
다. 우리는 이러닝(e-learning)에 있어서도 학습자의 정보통신기술 수
준 및 지식수준에 반응하는 시스템을 설계하고 운용할 필요가 있
는데, e-Questionnaire의 활용은 이를 위한 유용한 수단으로 제시
되고 있다(Paraskevi and Kollias, 2006). 학습자의 지식수준, 담당업무,
정보통신기술 수준, 그리고 학습 선호도 등을 학습 이전 및 이후에
e-Questionnaire를 통하여 파악할 것을 제안하고 있는데, 그 주요
목적은 학습자를 집단고객화(mass customization)하여 학습콘텐츠의
개발과 제공을 효율적으로 달성하는 데 있다.

네트워킹기술, 특히 웹의 출현은 이러닝(e-learning) 시스템 상호
간 연결을 가능하게 만들고, 이로써 지식자원의 폭넓은 공유가
추진되어 왔다. 이 때 해결해야 할 가장 우선적 과제로서 이러닝
(e-learning) 시스템의 상호 이용, 학습자의 정보과다 현상 해소, 그리
고 기존 지식자원의 재활용 등을 들 수 있다. 이를 위해서는 시스템
의 상호 이용과 지식의 재활용을 용이하게 만드는 표준화된 학습
자료의 개발이 필수적이다. 즉 이러닝(e-learning) 환경하에서의 학습
콘텐츠는 메타데이터(metadata)와 시맨틱스(semantics)가 연계된 작은
LO를 지향하여야 한다. 콘텐츠가 지닌 의미에 기반하여 연관관계

가 부여된 표준화된 형태의 지식자원들의 상호 이용이 가능할 때 시맨틱(semantic) 웹은 이러닝(e-learning)을 위한 유망한 기술로 인정받게 된다(Diaz and McGee, 2006; Puustjarvi, 2006; Ng and Hatala, 2007). 학습자료를 의미상 연관된 작은 LO들로 세분화함으로써 시맨틱 웹에 기반한 이러닝(e-learning) 시스템은 개별 학습자의 요구에 효율적으로 대응할 수 있게 된다.

결론적으로, 개별화되고 상황적응적인 이러닝(e-learning) 시스템의 개발과 운용은 경영교육이 달성해야 할 중요한 과제이며, 이를 달성하기 위해서는 대학, 기업 등 여러 지식활동 주체들의 긴밀한 협력, 그리고 이를 효율적으로 수행하기 위한 인프라의 구축이 필요하다.

그러나 개별 학습자의 니즈에 맞추어 학습설계를 개인화하는 작업은 아직 갈 길이 먼 목표로 남아 있는 것이 사실이다. ITS는 최근의 관련 기술 발전에도 불구하고 시스템의 개발 및 유지비용이 매우 높으며, 시스템 간 상호 연계성도 미흡한 실정이다. 특히 학습조직 간 공유와 재활용이 가능한 학습콘텐츠의 개발을 위한 인프라가 갖추어져 있지 않다는 점이 그 발전을 가로막고 있다고 볼 수 있는데, 그 핵심적인 요인으로 다음을 들 수 있다(Wiley, 2002; Cao and Zhang, 2006).

첫째, 전문가들 간에 LO를 개발함에 있어 어떤 온톨로지(ontology, 분류기준)를 채택해야 할지에 대해 의견의 합치가 되지 않고 있으며, 더구나 지식분야의 변천에 따라 온톨로지(ontology) 자체가 변화할 수 있다. 둘째, 교육네트워크상에서 적합한 LO를 효율적으로 발견하고 새로운 교과목의 동적 구성이 가능하기 위해서는 시맨틱 웹(semantic web, 유관 내용연결 웹)과 웹 서비스(web services, 웹을 통한 소프트웨어 공동사용 서비스)의 결합이 필요하므로 이를 현실화하기 위한 방안이 강구되어야 한다.

제3장

JIT 경영교육을 위한 기업대학 운영 사례

1
기업대학의 설립동기와 유형

1.1. 기업대학(CU)의 설립동기

앞서가는 경영자들은 우수한 기업과 그렇지 못한 기업을 가르는 중요한 잣대로서 기업지식기반의 지속적 활용과 갱신을 들고 있다. 자유시장경제에서 경쟁력 있는 지식자원의 수명주기는 혁신과 모방을 멈추지 않는 전 세계의 경쟁사들로부터의 지속적 압력으로 인하여 점차 단축되고 있으며, 또한 기업들은 변화하는 고객 니즈와 사회적 요구를 예측하고 이에 대응해 나가야 하기 때문이다. 기업들은 양적 및 질적으로 지식기반을 확충하기 위하여 기업대학(Corporate University: CU)을 설립하고 조직의 목적 및 사명과 연관된 일관성 있는 학습활동의 지원을 통하여 개인과 조직의 발전을 긴밀히 연계시켜 나가고 있다.

CU의 운영형태가 기업의 니즈에 따라 변천한 사례로 IKON대학을 들 수 있다(Meister, 2006). IKON은 통합문서솔루션 제공업체로서 1999년에 IKON대학을 설립하였는데, 이를 통히여 직원 및 협력사에 대해 기업문화의 전파와 수준 높은 교육을 제공하고자 하였다. 초기에는 교육자원의 시너지 효과를 높이기 위해 직원 및 협력사 교육의 설계, 개발 및 실행과 관련한 모든 업무를 IKON대학이 집중관리하는 형태로 운영하였으나, 2005년에 이르러서는 대학운영을 분권형으로 변경하였다. 경영층은 집중관리형이 과거에는 긍정적인 기여를 한 것이 사실이나 이제는 가용 교육자원을 기능별로 운용하여 교육과 업무성과를 직접 연계시킴으로써 조직에 더 큰 이득을 가져올 수 있음을 인식하였고, 이에 따라 사업부별로 교육시스템을 운영하게 되었다. 이와 같이 경영환경의 변화에 따라 학습시스템 또한 조직의 목표와 합치되는 방향으로 변화될 필요가 있다.

1.2. CU의 형태

CU는 그 발전단계에 따라 여러 가지 형태로 구분될 수 있으나, 여기서는 그 대표적인 연구결과로서 Walton(1999)의 모델, Rademakers(2001)의 모델, 그리고 또 다른 Rademakers(2005)의 모델을 비교해 보고자 한다.

1.2.1. Walton의 모델
Walton은 CU에 관해 다음의 3단계로 이루어진 발전모델을 제시하였다.

• 제1세대형

조직문화 및 가치의 수용과 집단수업 등에 활동범위가 국한된 형태의 CU로 초기 디즈니 대학(Disney University) 등을 그 대표적 예로 들 수 있음.

• 제2세대형

조직 내 다양한 계층을 대상으로 업무수행 기능의 습득, 문화적 문제의 논의, 보수교육의 실시 등 보다 폭넓은 학습활동을 수행하는 단계로서 그 대표적 예로는 모토로라 대학(Motorola University) 등을 들 수 있음.

• 제3세대형

첨단학습시스템의 적극적 활용을 통해 모든 직원에 대한 능력개발을 도모하며, 이와 아울러 창의성, 혁신, 그리고 전략적 변화와 관련한 활동 등을 추진하는 지적 엔진 역할을 담당하는 CU를 일컬음.

이러한 발전모델은 앞으로 논의될 Rademakers의 모델들과 그 맥을 같이하는 것으로 생각된다.

1.2.2. Rademakers의 모델(A)

CU의 발전단계로서 운영적 단계, 전술적 단계 및 전략적 단계를 제시하였는데, 단계별 특성은 〈표 3-1〉과 같이 정리될 수 있다.

〈표 3-1〉 CU의 발전단계별 특성

구분	기본역할	우선목표	기업전략과의 연계
운영적 단계	통합된 교육부서	교육의 효율성	간접적·수동적으로 기업에 필요한 교육활동을 통합관리
전술적 단계	지식의 중추	교육과 조직목표의 연계	직접적이지만 수동적으로 전략과 연계된 교육실시
전략적 단계	지식공장	지식활동과 기업전략의 상호작용	직접적·능동적으로 기업 전략의 개발과 실현을 도모

학습동기를 유발하기 위한 최선의 방법은 학습의 목표를 조직 구성원들이 스스로 설정할 수 있게 하는 것이며, 급변하는 경영 환경 속에서 조직의 목표 또한 구성원들이 적시에 조정해 나갈 수 있도록 해야 한다(Jansink, Kwakman and Streumer, 2005). 따라서, 위에 제시된 전략적 단계에서와 같이 조직목표의 설정과 이를 학습활동과 연결시키는 과정에 모든 구성원이 함께 참여하는 것을 Rademakers는 CU가 지향해야 할 이상적인 형태로 제시하고 있다.

1.2.3. Rademakers의 모델(B)

위의 단계별 모델에 이어 CU를 스쿨(school), 칼리지(college), 아카데미(academy)와 같이 3가지 형태로 구분하였다. 여기서 스쿨(school)은 운영적 단계의 CU와, 칼리지(college)는 전술적 단계의 CU와, 그리고 아카데미(academy)는 전략적 단계의 CU와 그 개념이 흡사한 것으로 보인다. Rademakers는 아카데미(academy)의 개념에 관해 약간의 설명을 보태어, 조직 내 및 조직 간에 지속적으로 이루어지며 기업목표에 부합하는 지식의 이전, 교환 및 창출과정이 조직화된 형태로서 지식창출을 통한 경쟁우위의 확보, 그리고 전략의 생성과 실행을 효과적으로 도모한다고 하였다.

조직 내에 가장 활발히 쓰여지는 지식은 본질적으로 동적이고 암묵적인 것이며, 이러한 지식은 경쟁사가 모방하기 어려운 것으로 기업경쟁력의 중요한 원천으로 작용한다(Whittington, 2001). 위에 제시된 3가지 형태 중 아카데미(academy)는 이러한 지식자원을 능동적으로 활용하고 창출하는 이상적인 형태를 지향함을 볼 수 있다.

1.3. 기업상황에 적합한 CU의 운영

Fresina(1997)는 CU를 그 기능에 따라 ① 현재의 문화와 경쟁력을 확고히 할 목적으로 운영되는 CU, ② 변화를 관리하고 실행하는 수단으로서의 CU, 그리고 ③ 조직의 나아갈 방향을 설정하고 추진하는 역할을 담당하는 CU로 분류하였는데, 이 역시 앞에 제시된 모델들과 실질적으로 다를 바가 없다. 다만, 이 연구에서 저자는 특정 CU는 이 중 어느 한 가지에만 속한다기보다는 각 기능을 적절히 혼합한 형태로 운영되고 있음을 강조하였다.

각기 다른 기업들은 각기 다른 특성을 지닌 CU를 필요로 하며, 따라서 각 CU는 소속 기업의 특수성에 따라 본질적으로 위 기능의 혼합 정도에 차이를 보일 수밖에 없다. 급변하는 환경 속에서 운영되는 기업과 마찬가지로 CU 또한 그에 맞는 목표와 운영시스템을 각기 정립하고, 그것을 지속적으로 변화시켜 나갈 필요가 있다.

2

산업별 특성에 따른
기업대학의 유형과 운영 사례

　기업이 어떤 산업에 속해 있느냐, 즉 어떠한 경쟁구도에 처해 있
느냐에 따라 국제화의 정도 그리고 변화의 속도가 상당 수준 결정
된다고 볼 수 있다(Andresen, 2003). 예를 들어, 국가의 규제가 심한
의료산업 같은 경우에는 변화의 속도가 느린 편에 속하므로 앞에
서 제시된 CU의 형태 중 제1 내지 제2의 형태를 띠게 되며, 반면 경
쟁의 정도가 극심한 산업에 속한 기업들은 환경의 변화에 적극 대
처하기 위해 제3 형태에 해당하는 CU를 필요로 하게 된다. 이와 같
이 CU의 운영형태는 해당기업의 경영환경과 전략에 따라 상이하
게 나타나며, 또한 조직의 변천, 시장의 변화 및 경쟁의 심화 정도에
따라 그 특성이 변화하게 된다. 바꾸어 말해서 CU는 유연하게 상
황변화에 부단히 적응해 나가지 않으면 그 경쟁력을 상실하게 되는
것이다.

Homan and Macpherson(2005)은 세 개의 대규모 영국 기업들(은행, 항공기 제조업체, 통신업체 중 각 1개 회사)이 운영 중인 CU를 심층분석한 결과, 모든 CU가 온라인 포럼을 통한 가상집단을 창출하고 부서 및 개인 간에 상호작용할 수 있는 네트워크를 확장하는 역할을 수행하는 것으로 파악되었으나, 각 CU가 중점을 두는 부분에 있어서는 상당한 차이가 있음을 확인하였다. 은행의 경우 CU의 역할이 효율적 학습에 초점이 맞추어져 있었고, 항공기 제조업체의 경우에는 CU가 업무방식의 변화와 전략적 사고능력 향상에 주안점을 두며, 통신업체의 경우에는 CU가 우리가 앞서 분류한 세 가지의 기능 모두를 적극 실행하고 있음을 볼 때 CU의 역할이 해당 조직의 산업별 특성에 따라 상당히 달라질 수 있음을 유추하였다.

여기에서는 업종별 경영환경 또는 업무특성의 차이에 따라 적합한 CU 형태가 달라짐을 고찰하기 위해 실제 운영되었거나 운영되고 있는 CU들의 사례를 〈표 3-2〉와 같이 업종별로 구분하여 정리해 본다.

〈표 3-2〉 사례연구를 위한 업종 구분

기호	업종	부문
C1	제조업	생산부문
C2	제조업	R&D부문
C3	서비스업	일반용품 판매부문
C4	서비스업	전문용품 판매부문
C5	서비스업	지식산업부문

CU를 업종별로 분석한 후 이에 근거하여 기업들의 경영환경 내지는 업무특성과 CU의 운영형태 간의 연관성을 고찰해 보고자 한다.

2.1. 제조업체의 CU

2.1.1. 제조업체 — 생산부문

❀ LG전자의 통합학습포털 ❀

LG전자는 이러닝 시스템을 현장에서의 성과향상과 긴밀히 연계시킴으로써 전사적 학습조직화를 촉진하고 궁극적으로 기업의 지속적 업무성과 향상을 유도하였다(김효근 외, 2005). 1998년 LG전자는 인터넷 기반의 러닝넷(learningnet)을 구축하여 현장업무와 직접 연관된 콘텐츠를 제공하기에 이르렀다. 러닝넷 운영의 필요성은 동사의 글로벌화에 따라 더욱 고조되었는데, 영문러닝넷과 중국어러닝넷이 운영되고 있는 것이 이러한 사실을 잘 나타내 준다.

동사는 교실 내 교육과 이러닝을 결합한 블렌디드 러닝(Blended Learning)을 통해 직원교육의 효율성을 높이고 있다. 예를 들어, 입사예정자와 집체교육 참가가 예정된 신입사원을 대상으로 온라인 과정을 사전에 이수하게 하고 이후에 교실 내 교육 및 OJT 실습을 이수하게 함으로써 인력의 현장투입 소요시간과 비용을 절감하게 된다. 이는 물론 KMS(지식경영시스템)와의 연계에 의해 현장업무 지식과 밀착되도록 설계되어 있다.

LG전자는 지식경영과 이러닝을 지식경영 그룹이라는 동일 조직 내에 통합하여 운영하고 있다. 즉 현장 관련 지식을 수집·공유·학습할 수 있는 시스템을 구축하여 직원들의 효율적 학습을 가능하게 하고, 학습의 결과물들을 지식자원화하여 순환 활용하는 방식으로 지식경영과 이러닝의 통합을 시도하고 있는데, 이러닝이 KMS 및 ERP와 연계되어 있어 현업수행을 위한 JIT 학습과 현장적용이 가능하도록 설계되어 있다.

위의 내용을 볼 때 LG전자의 학습포털은 CU의 세 가지 형태 중 전술적 형태에 진입해 있는 것으로 판단된다.

❈ 모토로라의 CU(Motorola University) ❈

Fulmer and Gibbs(1998)에 의하면 모토로라사는 CU를 조직변화를 실현하기 위한 중요한 수단으로 활용하였다. 실제로 관리자들을 위한 교육프로그램들은 변화를 수용하고 변화를 추구하며 또한 변화를 실행하는 데 필요한 기술과 지식을 제공하는 역할을 담당하였다.

이러한 면에서 볼 때 모토로라 대학(Motorola University)은 오래 전부터 CU의 세 가지 형태 중 중간 단계인 전술적 형태에 진입해 있었고, 전략적 형태로 나아갈 기초가 마련된 것으로 보인다.

⚙ GE의 CU(Power Systems University) ⚙

GE는 경영사관학교라 불릴 정도로 사내교육에 대한 열기와 수준
이 대단한 기업으로 알려져 있는데, Power Systems University(PSU)
는 동사의 사내 교육기관 중 하나로서 이러닝을 포함한 최첨단의 교
육수단을 활용하여 직원, 고객, 그리고 협력업체에 대한 교육을 제
공하고 있다(Meister, 2002b).

사내 다양한 부서의 관리자들로 구성된 위원회에 의해 학습내용
이 학습자의 니즈에 상응하는지가 정기적으로 검토되고 있으며,
국제적으로 통합된 지식경영시스템이 구축·운영되고 있다. 또한
웹에 기반한 교육체제는 원거리에 위치한 현장 엔지니어, 판매요원
등의 학습자에 대해 'just in time / just enough' 교육기회를 제공하
고 있다.

PSU는 뉴욕의 교외에 최첨단의 장비로 무장된 교실, 강당, 실습
실, 녹화시설 등을 갖춘 본부 건물을 운영하고 있으며, 전 세계에
걸쳐 창의적인 신사업 개발을 지원할 수 있는 초일류 교육체제의
정립을 위해 매진하고 있다.

전 세계에 걸쳐 네트워크화된 협업적 학습체제를 갖춘 PSU는 제
조업체의 CU 가운데 전략적 형태에 가장 근접한 것으로 판단된다.

2.1.2. 제조업체 — R&D부문

❀ P&G의 CU(R&D Corporate University) ❀

P&G는 2001년에 들어 R&D CU의 설립을 결정하였고, 이에 따라 2003년에 일주일 간의 파일럿(pilot) 프로그램의 실행을 거쳐 2006년에는 5개의 칼리지(college)[5개의 레벨(level)을 반영함.]를 완성하고 본격적인 운영을 시작하였다. R&D CU를 운영함에 있어서 ① 업무성과의 목표와 현상과의 갭(gap)을 메우기 위해 학습기간이 1주일을 넘지 않도록 교육콘텐츠를 축약적이고 선별적으로 구성하고, ② 조직구조 또는 지리적 이유로 인하여 격리된 사업부 간 네트워킹을 강화하여 부서 간 지식공유를 활성화함으로써 시장성 있는 혁신활동을 증대시키고자 하였다. 특히 부문 간 네트워킹을 학습과정 중 달성해야 할 중요한 과제로 삼아 R&D 인력 간에(특히 선·후임 간에) 지식 및 경험의 이전을 원활하게 하고자 하였다.

현재 R&D부문 전반에 걸쳐 5개의 칼리지(college)가 모두 성공적으로 운영되고 있는 것으로 보고되고 있으며, 특히 프로그램 참가자들은 P&G사의 광범한 사업부들에 걸쳐 수많은 동료들을 접하고 네트워킹할 기회를 얻게 된 것을 큰 수확으로 평가하고 있다 (Owens and Klein, 2007). 실제로 R&D CU의 운영자들은 프로그램 참가자들로부터 동 CU에 의해 이루어진 인적 자산으로 인해 혁신적 업무성과를 달성하고 있음을 전해 듣고 있다.

P&G의 R&D CU는 위에 제시된 세 가지 형태 중 전술적 형태에

속하는 것으로 판단된다.

2.2. 서비스업체의 CU

2.2.1. 서비스업체 — 일상용품 판매

❀ 맥도날드의 신입직원 교육프로그램 ❀

1961년 맥도날드(McDonald's)는 햄버거 대학(Hamburger University)을 설립하여 직원들에 대해 레스토랑 관리에 관한 전문교육을 실시해 오고 있다. 그러나 현장 종업원들에 대한 교육훈련은 주로 근무지에서 행해지며, 매년 약 3만 명에 달하는 신입사원의 대다수가 사회초년생들로서 이들에 대한 효율적 교육훈련은 고객서비스의 질적 수준을 균일화하는 데에 매우 중요한 역할을 담당하게 된다.

맥도날드(McDonald's)의 현장직원 교육프로그램은 비디오, 책자, 현장실습 및 평가 등을 통하여 그 목표를 달성해 왔으나, 2001년에 이르러 동사는 전 세계에 걸친 교육훈련 니즈에 대응하기 위하여 이러닝을 활용한 교육프로그램을 개발·시행하기에 이르렀다(van Dam, 2004). 기존의 교육내용 중 상당 부분(예: 고객응대, 청결, 식품안전, 서비스입문, 서비스중급 등)을 이러닝 콘텐츠로 전환하여 학습자 주도형으로 제공하고 있으며, 각 코스의 마지막에는 테스트가 이루어지고 성적이 데이터베이스에 자동 저장된다. 현장교육 또한 이와 병행하여 이루어지며, 현장의 교육자에 의해 그 실적이 평가된다. 이러닝 프로그램은 현장경험자가 부족한 원거리 지역에 새로운 매장을 개설했을 때 특히 유용한 결과를 가져올 수 있는 것으로 조사되었다.

맥도날드(McDonald's)의 이러한 교육프로그램은 CU의 세 가지 형태 중 가장 초보적 단계인 운영적 형태에 가까운 것으로 판단된다.

❀ P&G의 CU(Saba Learning) ❀

다섯 개의 사업부 체제, 그리고 전 세계에 걸쳐 10만여 명의 직원을 보유하고 있는 P&G는 소비재 산업에서의 격심한 국제경쟁에 직면하여 그 직원들로 하여금 신제품에 대한 지식과 정보를 신속히 공유하게 함과 동시에 핵심적 업무능력을 배양하기 위한 기능과 지식을 적시에 습득하게 할 필요성을 절감하였다.

2000년에 들어 P&G는 Saba Learning 시스템을 도입하여 기존에 운용하던 다수의 LMS를 단일체제로 통합 운영함으로써 교육비용의 절감 및 전 세계에 걸친 학습속도의 가속화를 성공적으로 달성하게 되었다. 이 시스템을 통하여 P&G는 직원들에게 새로운 영업전략, 제품정보, 업무지침 등을 정확하고 신속하게 전달하게 되었으며, 또한 개별 직원에 대한 맞춤식 교육이 가능하게 되었다(Green, 2007).

전 세계에 산재해 있는 판매요원들을 주대상으로 하는 동 교육시스템은 CU의 형태 중 운영적 수준을 크게 벗어나지 못하는 것으로 보인다. P&G의 R&D부문의 CU가 전술적 형태를 지니고 있음과 비교해 볼 때 동일 기업에 속하더라도 사업부의 특성에 따라 그 역할과 수준이 달라질 수 있음을 알 수 있다.

2.2.2. 서비스업체 — 전문용품 판매

❀ 블랙앤데커의 CU(Black & Decker University) ❀

블랙앤데커(Black & Decker)사는 동력기기 및 부속품, 가옥용 건자재, 가정용 전기기구 등을 제조·판매하는 세계 유수의 기업이다. 동사의 미국 내 동력기기 및 부속품 사업부문에서는 매년 150명 가량의 신규 판매직원이 입사하고 있는데, 이들은 메릴랜드주에 위치한 본사에서 2주 간의 교육과정을 이수해 왔다. 1998년에 이르러 동사의 사내대학인 Black & Decker University(BDU)는 인력의 효율적 활용 차원에서 웹기반 강의프로그램을 개발하기 시작하였고, 2001년에는 교실 중심의 신입사원 교육과 온라인 강의를 결합한 블렌디드 러닝(Blended Learning) 프로그램을 도입하기에 이르렀다(van Dam, 2004).

디월트(DEWALT)는 블랙앤데커(Black & Decker)사의 브랜드명으로서 BDU가 개발한 디월트(DEWALT) 마케팅실무교육프로그램은 16개의 이러닝 과정과 OJT 및 교실 내 교육을 결합하여 운용하고 있다. 신입사원 중 상당수가 자신이 판매할 제품인 동력기기를 사용하거나 판매한 경험이 전무한 상태이므로 이들이 고객들을 디월트(DEWALT) 브랜드로 유인할 수 있는 자신감을 갖도록 교육시키는 일이 필요하였으며, 동 교육프로그램은 이를 위한 효율적 교육수단으로서 자리매김하고 있다. 또한 동 교육프로그램은 이 분야의 신입사원들이 입사한 때로부터 이들의 인력개발을 담당하게 되는 판매 및 마케팅 그룹이 주도하고 있어 그 성격이 실무지향성을 유지하고 있다.

BDU의 블렌디드 러닝(Blended Learning) 프로그램은 이러닝, OJT, 교실 내 교육(토의 중심), 멘토링 등 4가지 구성요소로 이루어지는데, 이 중 자기통제형 이러닝과 OJT 프로그램은 동시에 이루어진다. 이러닝 프로그램을 구성하는 자기통제형의 각 코스는 지식경영시스템, 제품정보데이터베이스 등 관련 사이트와 연계 운영된다. 이러닝, 현장경험, 교실 내 교육, 그리고 상급자의 멘토링 등이 효과적으로 결합된 새로운 교육시스템에 의해 신입사원들은 새로운 지식과 기술로 무장되어 현장 적응력이 높아지고 있다.

BDU는 전술적 형태의 CU에 속하는 것으로 판단된다.

❀ 시스코의 CU: FELC ❀

시스코(Cisco)의 네트워킹 솔루션은 사람, 컴퓨터 기기, 그리고 컴퓨터 네트워크를 연결함으로써 시간, 장소, 컴퓨터 기종 등을 초월하여 사용자로 하여금 필요 정보에 접근하고 이전할 수 있도록 한다. 1986년을 기점으로 동사는 해당 업종에서 세계시장의 선두주자로 성장하게 되었다.

수많은 이러닝 프로그램이 시스코 내에 운영되고 있는데, 그중 이러닝을 위한 통합 포털의 구축에 직접적 계기가 된 글로벌 판매조직의 경우를 살펴보자. 1999년 초 시스코의 판매조직은 전 세계에 걸쳐 5천 명을 상회하게 되었으며, 향후 그 규모가 대폭 증가할 것으로 예상되고 있었다. 그들은 기술전문가들로서 대폭적 기업성장과 급속히 다양화되는 제품 및 기술기반에 대응하여 업무능력의 지속적 향상을 필요로 하였다. 따라서 판내조직의 성영층은 기존의 현장 훈련방식(예: 교실 내 교육, CD-ROM 활용 등)의 한계를 절감한 나머지 표준화되고 전 세계적으로 접근 가능한 방법으로 동 부문의 기술자들이 지식을 업데이트할 수 있는 방법을 강구하게 되었는데, FELC(Field E-Learning Connection)라 불리는 동 포털이 사내 여러 이러닝 프로젝트 팀 간의 협력에 의해 탄생하게 되었다(Kelly and Bauer, 2004).

판매부문의 이러닝을 위해 구성된 프로젝트 팀은 기술부문, 마케팅부문, 그리고 판매부문의 인력으로부터 내용전문가들을 차출하였으며, 차출된 내용전문가들은 특정 기술별로 그룹화하여 사내에 있는 기존 콘텐츠들을 수합하고 변형하는 작업을 수행하였다. 새로운 콘텐츠의 개발은 판매 및 제품부문 간 협력에 의해 이루어졌는데, 이는 주로 현장으로부터의 요구에 근거하였다. 시스코의 이러닝 전략은 고객이 누구인가를 확인하고, 그 고객들을 세분화하여 각 부문의 요구를 파악하여 반영함을 요건으로 한다. 이러닝의 목표는 콘텐츠의 제공자, 그리고 학습자 모두의 관점에서 학습의 적시화와 유연화를 실현하는 데 있다.

필요한 콘텐츠를 확인하고 개발하는 작업이 이루어진 후에는 학습자의 개별 니즈에 맞추어 효율적 학습이 가능하도록 설계된 웹 포털이 구축·제공되었다. 학습자가 현업에 필요한 지식자원 및 학습프로그램을 자기통제하에 접근하여 이를 업무성과와 직결시킬 수 있도록 하였다.

시스코(Cisco)의 학습포털은 위의 내용으로 볼 때 전술적 수준을 크게 벗어나지 않는 것으로 판단되며, 전략적 형태로 진입하는 초기 단계에 있는 것으로 보인다.

❈ IBM의 CU: Learning @IBM Explorer ❈

전 세계에 걸쳐 약 20만 명에 이르는 서비스요원을 포함하여 35만 명을 상회하는 직원을 보유한 IBM은 ① 컨설턴트, 판매원, 그리고 서비스 요원들은 임무의 성공적 달성을 위해 필요한 정보를 신속히 획득함이 필요하며, ② 날로 증대되고 있는 방대한 규모의 인력에 대해 관련 산업에 대한 정보 및 효율적 관리·운영방식을 이해시키고 기술훈련을 제공해야 할 필요성을 인식하여, 전통적인 교육방식과는 획기적으로 다른 업무밀착형 학습전략을 추진하게 되었다.

IBM은 새로운 학습환경의 기반으로서 기업포털을 구축하여 다음과 같은 기능을 수행하게 하였다(Howard, 2008).

(1) 개별 직원의 전반적 프로필(profile: 업무, 전공, 사업장, 언어, 기타 필요한 사항 등을 포함)을 입력·저장하여 개별화된 맞춤식 학습콘텐츠를 제공함으로써 업무성과의 향상을 도모함.

(2) 새로운 사업기회의 출현 등을 포함하여 변화하는 시장상황에 맞추어 필요한 정보 및 학습기회를 적시에 제공함.

(3) 학습과 업무성과를 직결시키기 위한 3가지 형태의 학습을 제공함.

- 워크–임베디드 러닝(work-embedded learning): 업무수행시에 필요한 학습을 적시에 제공하여 업무의 효율성과 학습의 효과를 동시에 향상시킴.
- 워크–인에이블드 러닝(work-enabled learning): 작업장을 학습 환경으로 활용하여 업무에 대한 전문성을 높임.
- 워크–어파트 러닝(work-apart learning): 현장을 떠나 미래의 업무에 대한 수행능력을 배양함.

(4) 업무수행시에 동료 및 전문가와의 협업이 이루어질 수 있도록 함.

LMS에 의해 관리되는 정형화된 학습프로그램, 업무지침서 및 참고자료, 블로그 등을 포함한 협업도구, 접촉 가능한 전문가 리스트, 그리고 다양한 상업적 코스웨어 등을 개별 학습자의 상황에 맞추어 선별적으로 제공하는 체제를 갖춘 동 시스템은 CU의 형태 중 전술적 형태에 속하는 것으로 판단되며, 시스코(Cisco)의 경우와 마찬가지로 전략적 형태로 진입하는 초기 단계에 있는 것으로 보인다.

2.2.3. 서비스업체 — 지식산업

⚙ CTS의 CU: Cognizant Academy ⚙

CTS(Cognizant Technology Solutions)사는 2만3천여 명의 직원을 보유한 선도적인 IT 서비스 제공업체로서 고객으로부터 수주한 프로젝트의 수행 및 프로그램 설치를 위해 인도에 위치한 개발센터 및 고객기업의 직원들로 구성된 프로젝트 수행 팀을 활용하고 있다. 동사는 「포브스(Forbes)」와 「비즈니스위크(Businessweek)」에 의해 미국 내 최우수 중소기업 중 하나로 평가되고 있다.

동사에 의해 설립·운영되고 있는 Cognizant Academy는 각종 교육프로그램 및 직원 간 효율적 지식유통을 위한 정보시스템을 가동하고 있는 중앙집중식 CU로서 신입사원 교육프로그램으로부터 기술자격증 수여, 정규대학과의 제휴 등 우수인력의 개발을 위한 모든 기능을 총괄하고 있다. 고객이 요구하는 업무경쟁력의 확보를 위해 Technology School, Vertical Industry Domain School, Process & Quality School, Project Management School 등을 두고 있으며, 콘텐츠 제공업체와의 업무제휴를 통해 효율적 교육서비스를 추구하고 있다. 각 사업장에 도서관을 운영하고 있으며, 컴퓨터에 의한 사내·외 자료검색이 효율적으로 이루어질 수 있는 체제를 갖추고 있다. 또한 우수 직원들이 정규대학에서 전문분야 학위를 취득할 수 있는 제도를 마련하여 미래에 필요한 업무능력을 준비시키고 있다 (Howard, 2006).

직원들의 현재 업무능력(주기적으로 공식적 평가를 실시)과 고객이 요구하는 지식 및 기능수준과의 갭(gap)을 분석하여 도표화하고 있으며, 이에 따라 필요한 교육프로그램을 체계적이고 단계적으로 이수하도록 하고 있는 동 CU는 전략적 형태로 진입하기 직전 단계에 이른 것으로 판단된다.

❀ 딜로이트 컨설팅의 CU: LearningEdge ❀

딜로이트 컨설팅(Deloitte Consulting)은 전 세계에 걸쳐 13,000명을 상회하는 전문 컨설턴트를 보유하고 있는데, 2000년 들어 그 핵심사업의 재편과 함께 러닝에지(LearningEdge)라는 CU를 설립하고 첨단 교육매체를 통한 직원교육을 본격화하였다. 러닝에지(LearningEdge)는 독립된 기관으로서 전 세계의 사내 컨설턴트들을 대상으로 기업과 문화, 컨설팅 기법, 프로젝트 관리, 리더십과 인력개발, 산업분석 프로그램 등 모든 교육프로그램을 중앙집중식으로 총괄하는 책임을 맡게 되었다(Meister, 2002a).

CU 출범 첫 해에 딜로이트 컨설팅의 최고경영자는 전사적으로 학습의 중요성을 인식시키기 위해 모든 직원에 대해 5개 레벨(level)로 구성된 e-비즈니스(e-business) 자격증 프로그램을 필수적으로 이수하게 하였다. 이 중 2개의 레벨은 표준적 내용을 담고 있으며, 나머지 3개는 직원 개개인의 전문분야와 취향에 따라 학습경로를 선택할 수 있게 설계되어 있다. 통합된 학습포털을 통해 이루어지는 동 프로그램은 전 세계적으로 콘텐츠의 온라인 접근이 가능하고, 학습진도가 자동적으로 추적되며, 협업적 학습을 위한 e-룸(e-room), FAQ 지원을 위한 웹사이트 등을 제공하고 있다. 이후 러닝에지(LearningEdge)는 개별 직원의 프로파일(profile)에 근거하여 개별화된 콘텐츠를 제공하는 시스템을 구축하였으며, 또한 학습자가 스스로 학습경로를 짤 수 있도록 지원하는 기능도 제공하고 있다.

러닝에지(LearningEdge)는 직원교육에 있어 혁신적이고 통합된 방법으로 학습자의 요구에 따라 적시(just in time) 학습이 이루어지도록 지속적인 시스템 개선에 매진하고 있는데, 이러한 면에서 볼 때 동 CU는 전략적 형태의 초입 단계에 해당하는 것으로 보인다.

❀ Cap Gemini Ernst & Young ❀

Cap Gemini Ernst & Young(CGEY)은 사내혁신이 어떻게 이루어지느냐에 관한 폭넓은 연구를 행한 결과, 혁신활동은 다양한 전문성, 기술, 경험 등을 구비한 사람들 간의 상호작용을 통하여 기존 및 새로운 지식이 지속적으로 교환됨으로써 창출됨을 확인하였다. 이에 따라 CGEY는 '네트워크 러닝(networked learning)'이라는 새로운 교육방법을 개발하여 학습과 협업활동을 결합시키는 데 성공하였다(Meister, 2002c).

실시간 및 비실시간으로 진행되는 온라인 학습 커뮤니티의 형성과 이를 통한 지식의 공유와 협업이 가능하게 됨으로써 직원들은 이전에 경험하지 못했던 학습 및 업무성과의 향상을 맛보게 되었다. 예를 들어, CGEY University의 통합 Q&A 도구들은 직원들이 온라인 토론 포럼을 통하여 사내·외의 분야별 전문가들을 활용할 수 있게 해 주었고, 2002년에 이르러서는 학습자 간 상호작용을 요하는 '게임 기반 학습(game-based learning)'을 도입하여 실행하고 있다.

교수자와 학습자 간에 이루어지는 학습활동 못지않게 학습자 간에 협업하는 형태로 진행되는 개방적이고 비정형화된 방식을 채택함으로써 특정한 학습프로그램이 끝난 후에도 직원들 간에 네트워크를 통한 학습이 지속될 수 있다는 것이 CGEY CU의 특장이라 볼 수 있다. 네트워크 러닝은 아직 기술적으로 보완해야 할 점이 남아 있는 것이 사실이나 이 방식이 학습과 업무성과, 그리고 혁신활동을 한데 결합하는 위력을 갖고 있음이 분명해 보인다.

CGEY CU는 전술적 수준을 넘어서 전략적 수준에 이미 진입해 있는 것으로 보인다.

2.3. 독일의 CU를 통해 본 국가별 특성

독일 CU의 주교육 대상은 미국의 경우와는 달리 중간관리자 이상의 고위급 직원이 되며, 하급 직원들에 대한 기본적 직업교육은 기업 내 다른 기구에 의해 수행된다. 물론 고객과 협력업체도 그 교육 대상에 포함되지 않는 것이 일반적이다(Andersen and Lichtenberger, 2007). 대다수 CU는 국제적 고등교육기관과 제휴하고 있으며, 국외에 위치한 사업장에 근무하는 고위급 직원들 역시 교육 대상에 포함시키고 있는데, 이는 CU가 기업 내 업무협력관계를 돈독히 하여 전반적인 업무성과를 높이는 데에 주안점을 두고 있음을 의미한다. 참고로, 미국의 CU들은 공인된 학위의 취득을 지향하는 반면, 독일의 CU들은 사내 자격증 수여를 원칙으로 한다.

독일의 대기업들에 있어 CU의 전략적 역할을 조사한 결과 47%의 CU가 자격증 수여에, 41%가 조직변화의 지원에, 그리고 12%가 전략의 능동적 형성에 초점을 맞추고 있는 것으로 보고되었다

(Hilse and Nicolai, 2004). 이로써 일부 CU가 전략적 혁신을 담당하는 것으로 볼 수도 있으나, 대개의 경우 조직학습과 전략개발을 연계시키는 데에 CU가 중심적 역할을 한다고 판단하기에는 무리가 따른다. 일반적으로 CU가 전략의 형성보다는 전략의 실행을 지원하는 도구로서의 역할을 행하고 있으며, 전략개발의 주도적 역할을 담당하는 CU는 아직 이상적인 형태로 논의되는 과정에 있는 형편이다.

독일 CU에서의 학습은 대개 다음과 같은 4개의 코스로 이루어지는데(Andersen and Lichtenberger, 2007), 모든 코스는 업무수행 및 기업전략과 긴밀히 연계되어 있다.

제1코스의 교육 대상은 대다수의 일반관리자를 포함하며, 여기에서는 기업의 전략적 요구에 맞추어 특정 직무 또는 기업 특유의 기능 및 지식을 교육함으로써 전략 및 조직목표의 달성을 지원한다.

제2코스에서는 기업통합작업(인수·합병 후), 국제화, 생산성 향상, 신제품 개발의 촉진, 프로젝트 개선 등과 관련한 교육목적의 프로젝트를 수행함으로써 기업의 전략적 변화를 실행할 수 있는 동적 능력을 배양함을 그 목적으로 한다.

제3코스에서는 기존 사업과 산업의 테두리를 뛰어넘어 새로운 사업기회의 탐색 등 기업이 처할 수 있는 미래 상황을 예측하고 이에 대처할 수 있는 방안을 마련하는 능력을 배양한다.

제4코스에서는 시장적 요인, 정치적 요인, 사회적 요인 등 외부환경의 변화에 초점을 맞추어 관련자들로부터의 정보수집 및 이를 기초로 한 토의를 행함으로써 다양한 시각에서 미래에 나타날 수 있는 상황을 조명해 보고 이에 대처할 수 있는 방안을 마련하는 능력을 배양한다.

독일 CU의 학습코스 중 제3 및 제4 코스는 앞에서 제시한 세 가지 형태의 CU 중 마지막 단계인 전략적 형태에 속하는 것으로 분류할 수 있는데, 앞서 보고된 바와 같이 이러한 마지막 형태의 CU는 아직 일반화된 것은 아니며 선도적인 일부 기업들이 추진 중에 있는 CU의 지향점이라 할 수 있다. 미국의 경우와 비교해 볼 때 독일 CU가 지니는 가장 큰 차이점은 학습활동이 전략적 및 조직적 변화와 보다 긴밀히 연계되어 있으며, 고위관리자의 전략적 사고능력을 향상시켜 기업전략의 형성과정에 능동적으로 기여할 수 있게 유도한다는 점이다.

2.4. CU의 발전방향

CU는 기업의 국지적 및 세계적 경쟁사에 대응할 수 있는 기업주도형 지적 능력의 질적 수준의 확보와 지속적 갱신을 위해 주도적 역할을 할 때에 그 존립 이유가 있는 것으로 보인다. 전략적 관리이론에 입각하여 정형화된 기업전략을 달성하는 데에 CU의 목표를 두는 방식은 한 동안 적합한 운영방식으로 간주되기도 하였으나, 이 또한 현실에서의 급격한 상황변화에 대응하는 유연성이 결핍되어 있다는 비판을 받고 있다. 성공적 CU의 구현을 위해서는 최고경영층이 조직학습과 기업전략 형성을 직결시키는 형태로 조직 내 모든 개별 구성원의 학습활동, 조직변혁 및 상호작용을 통한 전략개발 활동을 지원하여야 한다.

이를 실현하는 구체적 수단으로서 PPP 모형(Dealtry, 2005)이 제시되었는데, 이의 구성요소는 다음과 같다.

- P1(intellectual purpose): 조직 비전의 명확화 및 이에 대한 최고경영층의 적극적 지지
- P2(intellectual properties): 조직 비전의 실현을 위한 구체적 방안과 수단을 명시
- P3(intellectual practices): 조직 비전 실현을 위한 방안과 수단의 실천에 긴밀히 연계된 각종 프로그램의 적시 수행

이 3가지 요소는 단계별로 그 주안점이 순차적으로 바뀌면서 [그림 3-1]과 같이 상호간에 영향을 미치며 작동하게 된다. 물론 이와

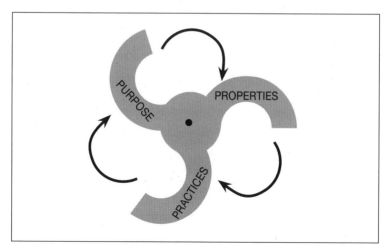

[그림 3-1] PPP 모형의 작동방식

같은 진일보한 형태의 CU는 기본업무의 숙달을 위한 교육조직, 전략적 변화를 지원하기 위한 개별화된 성과지향적 학습조직 등 이전의 CU 형태를 기반으로 이루어지는데, 이 마지막 단계의 CU 형태에서는 기업전략의 많은 부분이 격동적인 경영환경하에서 우발적으로 또는 기회포착적으로 형성된다는 점을 염두에 두어 상황적응적 학습능력을 배양하고 이를 전략형성 과정과 연계해야 한다는 점이 강조된다. 또한 CU의 운영이 조직의 특성에 알맞게 이루어져야 한다는 점에서 볼 때 CU가 전체 기업 차원이 아닌 부서별 또는 사업부별 차원에서도 특성화될 필요가 있음을 강조할 필요가 있다.

3

요약 및 시사점

3.1. 사례연구 결과의 정리

실패하거나 낮은 성과를 보이는 CU의 일반적 특성(Eccles, 2004)은 다른 기업이 하는 방식과 내용을 모방하는 것이며, 이 경우 해당 기업의 특성에 맞는 혁신적 운영형태가 구현되기 어렵다. [그림 3-2]는 사례연구의 대상 기업이 속한 업종과 CU의 발전수준과의 연관관계를 도시화하고 있다. 같은 업종에 속한다고 하여 CU의 형태가 동일한 것은 아니나 일정한 동질성은 엿볼 수 있다. 예를 들어, C3에 해당하는 기업들의 CU는 대체로 운영적 수준에 머물러 있는 반면, C4 내지 C5에 속하는 기업들의 CU는 전략적 수준에 근접하고 있음을 볼 수 있다.

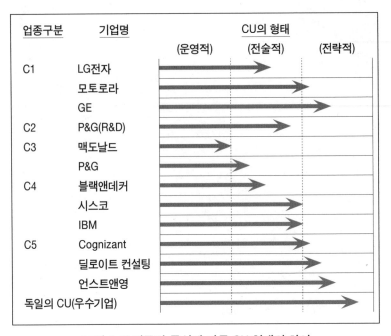

[그림 3-2] 업종별 특성에 따른 CU 형태의 차이

한국 기업들의 경우 CU를 본격적으로 운영하고 있는 사례를 발견하기 힘들며, 일부 선도적인 기업의 경우에도 학습과 업무성과를 직결시키는 전술적 형태의 CU 수준을 달성하기 위해 노력 중에 있는 것으로 보인다. 세계적 기업으로 지속 가능한 경쟁력을 갖추기 위해서는 세계 일류기업들이 지향하고 있는 전략적 형태의 CU에 대한 연구와 이를 도입하기 위한 적극적 노력이 요구된다.

3.2. 중소기업을 위한 CU

3.2.1. 지역산업 부문 CU 사례

DM-U(Digital Media University)는 영국 북서지역개발청의 자금 지원을 받아 맨체스터메트로폴리탄대학이 주도하고 있는 프로젝트로서 영국 북서지역의 디지털 미디어 업계에 속한 중소기업들의 학습 니즈를 수용하여 'just in time/just enough'형의(적시의/적정량의) 실무교육으로부터 학위수여에 이르기까지의 평생교육을 수행하는 맞춤식 교육포털이라 할 수 있다.

2005년 자료(Selby and Russell, 2005)에 의하면 DM-U의 포털은 단계적 계획에 의해 학습콘텐츠가 순차적으로 개발·업로드되고 있다. CU의 일반적 역할이 조직전략과 학습활동을 직결시키는 것임을 감안할 때 해당 산업에 속한 중소기업의 직원들에게 사업전략의 달성에 알맞은 교육기회를 제공하는 것이 필요하였다. 따라서 DM-U는 조직성과의 향상을 위한 개별 학습자의 필요에 따라 맞춤식 교육을 제공함을 지향하였다. 또한 DM-U는 개인화된 CPD(Continuous Professional Development) 프로그램에 따라 업무와 연계된 학습활동에 따른 학점을 부여하고 이를 체계적으로 관리하여 대학학위를 취득할 수 있는 길을 마련하고 있다.

DM-U는 해당 산업으로부터 추천된 자문그룹을 통하여 CU의 운영방식과 교육콘텐츠의 지속적 개선을 도모하며, 지식네트워크를 통하여 커뮤니티 내·외의 전문가를 접촉할 수 있게 하는 등 동 산업부문에 속한 중소기업을 위한 학습 커뮤니티로서의 성공적 안

착을 위해 노력하고 있다.

3.2.2. 프로젝트에 기반한 맞춤식 교육과정

위와 같은 조직적 교육지원체제가 미비되어 있거나 자체적인 교육시스템을 구축·운용할 능력을 갖추지 못한 중소기업의 경우에는 특정 교육기관과 제휴함으로써 성과지향형 맞춤교육 목표에 접근할 수 있다. 단, 이는 기업으로부터의 학습자가 대학과 개별적 학습계약을 체결하고 학위 또는 자격증 프로그램을 이수할 수 있는 교육환경이 갖추어짐을 전제로 하는데, 이러한 교육환경은 현재 진행되고 있는 맞춤식 교육의 추세로 볼 때 충분히 실현 가능한 것으로 판단된다. 이 때 기업 내의 문제해결을 위한 프로젝트 수행을 개인적 학습계약의 주목표로 하여 이를 효율적 학습수단으로 사용할 수 있는데, 학습자는 교수의 지도하에 콘텐츠 베이스로부터 프로젝트의 성공적 수행에 필요한 과목을 선별하여 이수할 수 있게 된다.

콘텐츠 베이스는 맞춤식 교육의 효율성을 높이는 데에 필요한 것으로 각 대학은 이를 구축·운영하는 전문기관과 제휴하여 각자의 교육시스템을 운영할 수 있다. 콘텐츠 전문기관은 콘텐츠의 개발, 수집, 유통, 그리고 교육네트워크를 운영하는 역할을 담당할 수 있는데, 예를 들어 한국방송통신대학교와 같은 원격교육전문기관은 자체적으로 개발한 교육콘텐츠뿐 아니라 타 기관에서 개발한 콘텐츠 유통의 허브(hub) 역할을 담당함으로써 다수의 대학과 기업에 대해 효율적인 경영교육을 지원할 수 있다(문상원, 2009). 또한 과목

이수는 프로젝트의 수행과정에서 필요한 시점에 맞추어 이루어짐으로써 학습의 효과가 현장과 직접 연결되게 하며, 그럼으로써 프로젝트에 기반한 학습방식은 기업에 실질적인 경제적 이득을 가져올 수 있다.

제4장

정규대학의
JIT 경영교육 사례

기업대학과 정규대학의
특성적 차이

    기업들 가운데에는 경영능력의 향상을 위한 교육과정의 일부를 자체 운영하는 경우가 있으나, 그 교육특성은 대학의 그것과는 상이한 경우가 많다. 즉 기업 내 교육은 작업숙련이나 문제해결 중심으로 이루어진다. 기업교육은 이와 같이 학습자 중심적이라는 측면은 있으나 그 품질수준이 입증되지 못하는 반면, 대학들은 교과내용이 분야별로 전문화되어 있어 그 내용적 수준이 우수하나 교육과정의 통합성이 결여되어 있고 현장업무 능력의 향상과 직접 결부되지 않는 경우가 많다는 결점이 있다. 따라서 기업과 대학은 협력적 경영교육을 실행함에 있어 해당 기업의 현안과 목표달성에 중점을 두어야 하고, 이를 효과적으로 달성하기 위해서 다양한 방안(예: 프로젝트 수행을 매개로 한 학습, 개별화된 맞춤식 학습, 멘토 서비스의 제공, 그룹활동을 통한 학습 등)을 활용하여야 한다.

    이러한 혁신적인 교육프로그램은 대학보다는 기업의 주도하에 효율적으로 운영될 수 있다는 주장(Baets and Linden, 2003)과 대학이 특정 기업의 울타리를 넘어서는 보다 폭넓은 지식의 교류를 가능하게 한다는 주장(Brown and Duguid, 2000)이 맞서고 있다. Baets and Linden은 기업대학의 경우 기업관리자들은 대학 교수들과 병행하여 실제의 경영사례들을 중심으로 구성된 강의를 제공할 수 있으며, 이러한 경영교육 방식은 학습내용과 전달의 품질을 높일 뿐만 아니라 기업의 인재개발전략, 변화관리, 성장전략과의 합치를 가능하게 한다고 보고 있다. 반면, Brown and Duguid는 대학의 맞춤식 프로그램이 기업이라는 울타리를 초월한 광범한 CoP(Community of Practice)의 활성화와 산업 간 노하우의 공유를 촉진시킬 수 있다고 주장한다. 우리는 위의 두 가지 견해와 관련한 사례조사를 통하여 그 유용성을 비교·검토해 보고자 하는데, 기업대학에 대한 사례조사는 지난번 연구(문상원, 2012)에서 실행하였으므로 본 연구에서는 대학의 맞춤식 교육에 관한 사례 중심으로 연구를 진행하고자 한다.

JIT 경영교육을 위한
외국대학의 맞춤식 교육 사례

2.1. 특정 기업을 위한 맞춤식 교육

❈ 인시아드 온라인의 Corporate Blended 프로그램 ❈

인시아드 온라인(INSEAD Online)은 2000년도에 세계 유수의 경영교육기관인 인시아드(INSEAD)로부터 분리·독립하여 이러닝(e-learning)을 통한 경영관리자 육성교육의 영역을 확대해 가고 있으며, 인시아드(INSEAD)의 이러닝(e-learning) 전략수립에도 커다란 영향력을 미치고 있다. 인시아드 온라인(INSEAD Online)의 사업목표는 캠퍼스에서 행해지는 정규프로그램의 벽을 뛰어넘어 기업들을 위한 효율적인 관리자 교육방식을 개발하고 제공하는 것(van Dam, 2004)으로서 다음의 사례는 이와 같은 노력 방향을 잘 보여준다.

1) 교육대상 기업과 목표

대상기업은 다국적 제약회사로서 의약품 연구에 있어서 혁신적 사고의 육성을 필요로 하였고, 이를 위해서는 사내 연구자들 간에 새로운 아이디어를 이끌어 내고 이를 소통하여 공유·확산해 내는 작업이 필요하였다. 매월 공식적으로 전 세계에 걸쳐 화상회의를 통해 이루어지는 팀 미팅 이전에 이러한 기능을 지닌 교육프로그램이 선행될 경우 공식적 화상회의의 효과를 높일 수 있을 것으로 기대하였다. 이를 위하여 인시아드 온라인(INSEAD Online)은 지리적으로 분산된 동사의 27인의 연구자들을 위한 기술혁신관리 이러닝(e-learning) 과정과 웹기반 협업체제를 결합한 블렌디드(blended) 학습모델을 개발·운영하였다. 이로써 고객법인인 제약회사의 연구자들은 인시아드(INSEAD) 교수진의 지도하에 변화관리적 사고를 받아들이고 아이디어, 해결과제, 통찰 등을 상호 교환함으로써 정규 미팅에서 한층 깊이 있는 토론을 행할 준비를 갖추었다. 인시아드(INSEAD) 역시 동 프로그램의 운영을 통해 기업고객을 위한 교육 노하우를 축적할 수 있는 기회를 얻게 되었다.

2) 프로그램의 설계

동 블렌디드(blended) 프로그램은 프로그램 소개, 개인별로 행해지는 이러닝(e-learning), 가상그룹을 통한 작업 및 토론, 그리고 면대면(여기서는 교실수업이 아닌 화상회의를 의미함) 워크숍 등 4가지 구성요소로 이루어져 있다. 참고로, 월별로 행해지는 공식적 화상미팅이 블렌디드 러닝(blended learning)에서의 면대면 학습기회의 역할을 하는 것으로 해석된다.

(1) 프로그램 소개

프로그램의 성공을 위해서는 해당 기업의 최고경영층의 관심과 지원이 필수적임을 감안하여 교육참가자들은 회사의 부사장으로부터 교육프로그램의 중요성을 담은 이메일 메시지를 받게 되며, 프로그램의 웹사이트에는 프로그램 주역들(기업의 고위 임원, 대학의 학장 등)의 사진과 음성 메시지가 제공된다.

(2) 이러닝(e-learning) 코스

여기서 제공되는 '기술혁신관리' 과목은 인시아드 온라인(INSEAD Online)이 보유한 13개 이러닝(e-learning) 코스 중 하나이며, 학습자들은 독자적으로 5~6시간에 걸쳐 이를 이수하게 된다. 과목의 내용 중 의약연구와 직접 관련되지 않은 모듈이 포함되어 있기도 한데, 이러한 사실은 사전에 학습자들에게 통지된다. 그리하여 학습자들은 그들의 연구활동과 관련하여 가장 의미 있고 가치 있는 모듈들에 학습노력을 집중할 수 있다.

(3) 가상토론

이러닝(e-learning) 코스를 이수한 후에는 학습자들은 ① 혁신을 위한 도전과제는 무엇인가? 그리고 ② 업무방식을 달리할 수는 없겠는가? 등에 관하여 자신의 생각을 정리하는 숙제가 부여된다. 이에 대한 응답은 토론방에 붙여지고, 다른 학습자들의 의견이 이에 더해지며, 최종적으로 교수진은 이를 5개 정도의 핵심 이슈로 정리하는데, 이는 화상회의를 통한 월별 공식미팅에서의 논의를 깊이 있게 만들어 주는 역할을 한다.

(4) 면대면 가상회의

참가자들은 사전교육이 결합된 가상회의가 이전에 비해 훨씬 생산적이고 가치 있는 것으로 평가하고 있다. 이에 따라 동 제약회사는 이와 같은 형태의 교육방식을 타 사업부문에 확산시킬 것을 추진하고 있다.

⊠ Babson Intel MBA 프로그램 ⊠

뱁슨 인터랙티브(Babson Interactive)는 2000년도에 뱁슨 칼리지(Babson College)에 의해 설립된 영리법인으로서 뱁슨 칼리지(Babson College)의 지식자산과 교과목을 활용하여 이러닝(e-learning)을 통해 대학원 과정 및 최고경영자 과정 교육수요에 신속히 대응하고자 하였다(van Dam, 2004). Babson Intel MBA 프로그램은 동사가 개발한 주요 서비스 중 하나이다.

1) 전략적 협력관계

인텔(Intel) MBA 프로그램은 정규 MBA 프로그램과 동일한 콘텐츠와 수업시간, 그리고 면대면 수업, 자기주도형 이러닝(e-learning), 시뮬레이션 기법 등으로 구성된 블렌디드(blended) 학습모형을 채용하고 있다. 인텔의 경영층과 뱁슨(Babson)대학의 교수진은 인텔 MBA 프로그램이 인텔의 경영전략과 통합되고, 현장 프로젝트 및 활동에 직결되며, 인텔의 최고경영자들이 면대면 및 팀 프로젝트 지도에 기여할 수 있도록 적극 협력함으로써 동 프로그램의 성공적 운영을 담보하였다. 인텔과 뱁슨의 협력관계에는 다음과 같은 양 기관의 전략적 목표가 깔려 있었다.

(1) 뱁슨의 목표

기업가교육 분야에서 선도적 위치를 차지하고 있는 뱁슨(Babson)은 지리적으로 제한이 없는 멀티미디어 방식에 의해 기업고객들의 요구사항을 만족시킬 기회를 얻기 위한 수단으로 이러닝이라는 새로운 교육방식의 채용을 필요로 하였으며, 동 프로그램의 개발과 운영을 통하여 새로운 교육방식을 실현하고 이에 대한 노하우를 축적하고자 하였다.

(2) 인텔의 목표

인텔은 우수한 직원들에 대한 유인책의 하나로 그 직원들에게 정규(풀타임 또는 파트타임) MBA 프로그램을 이수할 기회를 제공하였는데, 회사에서 제공한 학위취득 기회를 이용한 후에는 퇴사해 버리는 직원이 종종 발생함으로써 경영층은 이를 대체할 수단으로 직원들이 저명한 대학으로부터 학위를 취득하면서 회사에도 실질적인 도움이 될 수 있는 사내 MBA를 운영할 수 있는 시스템을 갖추고자 하였다. 인텔은 사내 우수 직원들로 구성된 학업 팀으로 하

여금 학업과 현업의 이슈 및 프로젝트를 통합적으로 수행하게 함
으로써 회사와 참여자들에 실질적인 이득이 되도록 하였다.

2) 프로그램의 설계

인텔은 사내 우수 직원들을 위하여 혁신적 방식을 채용한 고품
격 MBA 프로그램의 개발을 위해 뱁슨대학과의 협력을 추진하였
다. 뱁슨은 당시 이러닝에 생소한 위치에 있었으나, 이 분야에 대한
미래의 가능성을 인지하고 과감한 자원투입을 결정하였으며, 인텔
MBA 프로그램의 수준을 기존의 정규 학위 프로그램과 동일한 수
준으로 엄격하게 관리하여 인텔의 기대에 부응하고자 하였다.

(1) 정규 MBA 프로그램과의 유사성

• 질관리위원회

위원회로 하여금 프로그램의 설계와 질적 수준을 검토하여 주임
교수에게 보고하게 함으로써 새로운 프로그램이 기존의 프로그램
과 같이 엄격히 관리되도록 제도화함.

• 학생 구성

연령은 25~30세, 현장경험은 5~10년, 우수한 학업성적, 정규과정
입학수준 이상의 GMAT 점수 등을 입학조건으로 요구하고 있음.

- 성적 평가

사례연구보고서, 시험, 발표 등 정규 MBA 프로그램과 동일한 평가방식을 채택함. 단, 시험지는 인텔로 송부하여 철저한 감독하에 고사를 시행하고 답안지는 뱁슨대학에서 평가하는 방식을 채용하며, 발표는 비디오로 녹화·송부되어 뱁슨의 교수진에 의해 평가됨.

- 수업일수

정규 MBA와 동일한 수준으로 학습자주도형 이러닝과 병행하여 62일 간의 집중적 면대면 강의, 63일 간의 토론, 그리고 현장이슈와 관련한 집중적인 개인 및 팀 학습기회를 제공함.

(2) 혁신적 교육방식의 추가
- 현장 프로젝트와의 연계

학습자는 단순한 숙제가 아닌 학업과 현장을 통합하는 방식으로 과제를 수행함.

- 경영층의 참관기회 제공

경영층은 프로젝트의 수행을 지원하며, 학습 팀의 발표를 참관함.

- 이러닝 방식

주별 학습계획표에 의한 CD-ROM 학습, 그리고 최고경영층, 투자자, 직원 등과의 인터뷰를 담은 비디오사례집, 팀 상호간 질문, 코멘트, 비평 등을 활용한 웹포럼, 웹을 통한 세미나 및 발표 등 다양한 교육방식을 채용함.

• 다수의 교육장소
매월 실시되는 면대면 교육을 위해 뱁슨의 담당 교수진이 오리건,
캘리포니아, 애리조나 등의 인텔 사업장을 순회함.

2.2. 개별 학습자를 위한 맞춤식 교육

❀ 필딩경영대학원의 협업적 조직설계 프로그램 ❀

기업이 국제화함에 따라 세계 각지의 직원들이 성공적 협업
을 수행하기 위한 방안으로서 VTs(Virtual Teams) 또는 GDTs
(Geographically Dispersed Teams)의 활용이 증가하는 추세에 있는데,
이 때 다양한 특성을 지닌 종업원들의 재능을 충분히 활용하기 위
해서는 협업을 위한 효율적 업무절차의 정립과 신뢰관계가 뒷받침
되어야 한다. 필딩경영대학원이 조직설계 과정(Gibbons and Brenowitz,
2002)을 운영하면서 얻은 경험과 시사점은 인터넷 시대에 직원들이
국제적 협업을 성공적으로 수행하기 위해 어떠한 준비가 필요한지
를 인식하는 데에 매우 유용한 것으로 생각된다.

1) 경영환경 및 시스템 개발목표
국제적 협업을 통한 조직설계 작업에서는 단위조직 및 개인 간의
이해관계나 업무환경이 서로 다르므로 이를 조정하기 위해서는 실

시간으로 상호 소통하고 또한 자신의 업무반경을 벗어나 다른 사람의 시각에서 상황을 바라볼 필요가 있다. 또한 동일 장소 내에서의 협업과 마찬가지로 VTs에서도 성공적 결과가 도출되기 위해서는 협업을 위한 사전 합의된 업무진행 절차가 매우 중요하다. 따라서 프로젝트의 목적, 정책, 그리고 진행절차의 수립이 이루어져야 하는데, 특히 인터넷을 활용한 협업에 있어서는 업무진행 과정에서 불필요한 오해가 발생할 소지가 크고 이를 해소하기 위한 노력의 효율성이 저하될 수 있으므로, 이러한 업무절차가 보다 공개적으로 논의되고 명확히 정의되어야 한다.

필딩경영대학원의 조직설계 과정은 업무절차의 표준화, 조직운영에서 필요한 리더십, 신뢰관계의 구축 등 현장에서 조직설계 업무를 수행하는 데 필요한 요소들을 온라인 과정을 통해 습득할 수 있도록 설계되어 있다.

2) 시스템의 구조 및 역할

조직설계 과정의 목표는 학습자들로 하여금 조직설계의 기본개념과 모형들에 대한 이해, 온라인 환경에서 팀원으로서의 역할수행, 실제현장을 대상으로 한 조직설계 업무에 관한 경험 습득, 그리고 학습자 중심의 학습경험을 갖도록 하는 것이다. 동 과정의 구성은 다음과 같이 몇 가지 단계로 정리해 볼 수 있다.

• 팀 운영을 위한 사전작업

이 단계는 매우 중요한 것으로 인식되고 있는데, 여기서는 작업목표의 명확화, 업무절차의 정립, 그리고 합의도출 절차와 관련한 협약 등의 수행과 함께 VTs의 성공을 위해 필수적인 구성원 간 신뢰구축 작업이 이루어진다.

● 사례 제시 및 선정

이 단계에서는 팀의 총체적 지혜와 에너지를 쏟아부을 과제를 개발하는 작업이 이루어지는데, 이를 위해 각 팀원은 각자가 조직설계 후보업무를 집필하여 제시하고 이 가운데 하나를 팀원들이 합의한 선정기준에 따라 고르게 된다. 앞서 이루어진 합의도출을 위한 협약이 활용되는 최초의 기회가 될 수 있으며, 또한 팀원 중 누군가가 토론을 중재하고 합의를 이끌어 내는 데에 리더역할을 맡게 되는 계기가 될 수 있는 단계로 보인다.

● 작업계획의 수립

사례선정 작업과 병행하여 이루어지는 작업으로서, 팀에 주어진 자원을 사례의 선정 및 선정된 사례의 분석, 조직설계 대안의 도출 및 문서화, 그리고 이 대안들에 대한 타당성 검토 등을 위해 가장 효율적으로 사용하기 위한 계획을 수립하는 단계이다. 여기서 팀은 작업스케줄을 수립하고, 개인별 역할과 책임, 그리고 리더십의 필요성 등을 논의한다.

● 프로젝트의 수행

선정된 사례에 나타난 기존 조직구조를 분석하고 강사가 제시한 개념적 모형에 입각하여 이를 개선하기 위해 조직설계 대안을 도출해 내는 단계로서 조직설계 과정의 핵심적 부분에 해당한다. 이 단계를 수행하기 위해 학생들은 강사가 부여한 과제와 질의사항들을 충분히 고려해야 하며, 조직설계와 관련한 전략, 구조, 인력, 업무절차, 보상시스템 등을 포함하여 강사의 기대를 충족시켜야 한다.

- 최종보고서의 작성

수강생들은 선정된 사례 소개, 이에 대한 분석, 설계대안 및 논리적 근거, 그리고 이에 부수한 제안사항들을 최종보고서 형태로 작성·제출해야 하는데, 개인별 보고서가 아닌 공동보고서의 작성이 요구된다. 공동보고서의 작성을 통해 수강생들은 또 다른 협업의 기회를 갖게 된다.

- 평가

조직설계 과정에서 요구하는 학습목표와 팀원들의 상호작용이 모두 중시되어야 하므로 팀의 성과와 개인의 공헌도가 모두 평가될 수 있는 방안이 강구되었다. 즉 프로젝트의 품질에 대한 평가, 팀원의 자기평가, 팀원의 다른 팀원에 대한 평가, 그리고 강사에 의한 팀원 평가 등이 총합적으로 성적에 반영된다.

3) 시스템의 효과 및 시사점

필딩경영대학원의 조직설계 과정은 인터넷 환경에서 학습자들이 국제적 협업을 효율적으로 수행할 수 있도록 현장 중심적 교육을 제공하고 있다. 프로젝트 대상 기업의 조직설계를 위해 학습자 자신이 그들의 팀 운영방식을 설계해야 하는 이중적 학습구조를 지니고 있으며 팀원들의 능동적 참여를 과정이수의 필요조건으로 하고 있어 동 과정은 기업교육이 지향해야 할 모범사례가 되기에 충분한 것으로 여겨진다.

그러나 이러한 훌륭한 운영구조에도 불구하고 몇 가지 유의해야 할 사항을 지적하지 않을 수 없는데, 그것은 언어와 문화의 장벽이 과정의 순조로운 진행에 장애요인이 될 수 있다는 점, 그리고 팀원 간 상호작용 시간의 괴리로 인한 갑갑함, 불필요한 오해의 발생과 이를 해소하는 데 걸리는 시간적 지체로 인한 혼란 등의 부작용을 해결하기 위한 방안을 강구함이 필요하다는 점 등이다.

❀ EAMS의 Euro-Arab Trade 프로그램 ❀

유럽과 아랍 세계 간의 경제적 협력관계를 발전시키기 위한 방안의 하나로 EAMS(Euro-Arab Management School)의 설립·운영이 이루어지게 되었으며, 이의 주임무는 교육, 훈련, 연구활동 등을 통해 양 진영으로부터 우수한 경영자를 양성해 내는 것이다. EAMS는 아랍 세계와 유럽의 교육기관들로 구성된 협력적 네트워크를 구축하고 경제적 협력관계의 발전을 위해 필수적인 사회경제 및 경영 이슈들에 대한 이해를 도모하였다(Baets and Linden, 2003). 일반적인 경영교육프로그램들은 경영철학과 방식의 근저에 깔려 있는 문화적 요소들을 충분히 이해시키는 역할을 하지 못하기 때문에 경영활동에 있어서의 태도, 가치, 전통 등과 관련한 차이점을 인식하고 이해하는 교육을 실행하는 것은 국제경영 시대에서 그 의미가 매우 크다.

1) 교육프로그램의 구도

EAMS의 교육프로그램은 MMDP와 EAMD로 구성되어 있는데, 이들 각각의 역할은 다음과 같이 간추려 볼 수 있다.

(1) MMDP(Master in Management Development Program)

이 과정은 EAMS 참여기관들에서 선발된 튜터들을 교육시키는 것인데, 이들은 경영 관련 분야 학위 소지자들로서 다문화(유럽과 아랍) 경영을 위한 기법과 새로운 교육방식에 대한 교육과정을 이수한다.

(2) EAMD(Euro-Arab Management Diploma)

위의 과정을 마친 튜터들은 그들의 모국에서 EAMS의 교육자료를 활용하여 EAMD라 불리는 학위 프로그램의 실행을 지원하게 되는데, 이를 통하여 이탈리아, 스페인, 알제리아, 튀니지, 독일 등 다양한 국가에서 유럽―아랍 간 협력사업에 관심이 높은 관리자들이 10개월에 걸쳐 제공되는 동 프로그램을 성공적으로 이수하였다.

2) 맞춤형 교육 지향

EAMD의 수강생들은 현업에서 활동하기 때문에 교육내용에 대한 각자의 현실적 요구사항이 현저히 다를 수 있으며, 따라서 교육기관과 수강생 사이에 맞춤형 교육과정에 대한 사전합의가 이루어질 필요가 있다. 이에 따라 기초학습, 사례연구, 워크숍 등이 포함된 개인별 학습경로가 결정되는데, 개인적 학습계약의 효율적 매개체로서 사내 프로젝트가 많이 활용되고 있다. 이러한 '러닝 바이 두잉(learning-by-doing)' 형태의 학습을 위해서는 교수자가 학습자료 DB에서 해당 학생이 필요로 하는 학습자료를 추출하여 지도하게 되는데, 사내 프로젝트의 수행과정의 각 단계에서 그 시점에 가장 도움이 되는 학습자료를 적시에 제공한다. 물론 교수자는 프로젝트가 수행되는 현지의 경제적 및 문화적 환경에 맞추어 학습자료를 조정하여 제공한다. EAMD의 프로젝트 기반 학습은 수강생이 속한 회사에 직접적 성과향상을 가져다 주는 효과가 있다.

3) EAMD의 교육과정

EAMD의 교육과정은 다음과 같이 정리해 볼 수 있다.

(1) 학습분량

EAMD의 학습과정은 크게 코스 워크와 프로젝트로 나뉜다. 이 중 코스 워크는 450시간의 셀프 스터디(self-study)와 10개월에 걸쳐 매주 3시간씩 진행되는 튜터링 세션으로 이루어지며, 프로젝트 활동은 250시간 분량의 작업이 요구된다. 학업은 프로젝트에 대한 최종보고서가 완성될 때까지 진행된다.

(2) 입학 및 평가

각국의 EAMS 협력기관들은 입학 신청자들의 자격을 심사한 후 이를 통과한 자에 한하여 EAMD 입학시험을 치르게 한다. 입학시험에 대한 평가와 합격 여부에 대한 결정은 그라나다에 있는 EAMS에서 이루어진다. EAMD 입학을 위한 최소 자격요건으로 학사학위 보유, 2년 간의 업무경험, 영어에 능통할 것, 그리고 EAMD 입학시험(GMAT와 유사하나 문화적 편향성을 제거) 합격을 규정하고 있다. EAMD에서의 학업성취도 및 졸업사정 또한 EAMS에서 이루어진다.

(3) 현업과 연계한 교육

프로젝트에 기반한 교육과정의 운영은 각 수강생의 요구와 특성에 맞추어 교육방식과 자료를 제공할 수 있게 하며, 이와 동시에 교육기관에게는 사례연구를 통한 새로운 교육자료를 축적할 수 있게 해 준다. EAMS의 학습자료를 다양한 지역문화에 맞추어 변형하여 제공하는 것은 교수자의 중요한 역할이라 할 수 있다. EAMD 과정과는 별도로 현장에서는 엔지니어들을 위한 재무교육프로그램 등 특수 목적을 위한 단기프로그램에 대한 교육 수요가 발생하고 있으므로 EAMS는 이러한 서비스의 제공을 추진 중에 있다.

❈ 니엔로드대학 경영대학원의 프로젝트주도형 교육프로그램 ❈

니엔로드(Nyenrode)대학은 1946년에 전후 네덜란드의 재건을 위해 쉘(Shell), 필립스(Philips), 유니레버(Unilever) 등 네덜란드의 대기업들에 의해 설립되어 운영되고 있는 명문 경영대학으로, 다양한 풀타임 및 파트타임 경영교육프로그램을 제공하고 있다(Baets and Linden, 2003). 이 중 MBI&I(Master in Business Innovation & Intrapreneurship) 프로그램은 맞춤식 경영교육의 대표적 사례이다.

1) MBI&I의 특성

혁신관리는 오늘날 많은 기업들이 당면한 중요한 과제라 할 수 있다. MBI&I는 맞춤형으로 이루어지는 '러닝 바이 두잉(learning-by-doing)' 프로그램을 통하여 혁신적 사고를 이끌어 내고 사내기업가를 양성하는 데에 그 목표가 있다. 과거 혁신적 연구활동의 성과는 대기업보다는 중소기업에서 더 활발히 이루어져 왔다고 볼 수 있는데, 최근 대기업들은 급격한 경쟁상황의 변화에 대응하여 벤처기업적 혁신활동의 부양에 대한 필요성을 인식하게 되었고, 더구나 네트워크화된 경영환경하에서 혁신활동의 효율화 및 사내기업가의 양성을 필요로 하였다.

MBI&I 프로그램은 학습활동의 수행과 진취적 사고활동이 장려되는 가상공간을 제공함으로써 혁신적이고 기업가적인 전문가 집단을 양성함을 그 목표로 하는데, 개인 및 그룹학습(튜터의 지원을 포함)과 함께 '러닝 바이 두잉(learning-by-doing)' 프로젝트, 면대면 워크숍 등이 이를 위한 주요 수단이 되고 있다. 동 프로그램은 여러 국가에 분산되어 있는 수강생들을 연결한 네트워크를 통해 아이디어를 교환하고 프로포절을 생성하는 등의 협력적 학습활동, 그리고 이를 통한 사내기업가의 양성을 꾀함으로써 수강생의 능력향상과 더불어 현장 프로젝트에 대한 성과를 높이는 역할을 담당하고 있다.

2) MBI&I의 교육과정

18개월에 걸쳐 1,900시간의 학습활동이 요구되고 있는데, 이의 구성요소는 다음과 같이 간추려 볼 수 있다.

(1) 2개의 사내기업가적 프로젝트 수행

첫 번째 프로젝트 활동은 4~5명의 수강생들로 구성된 학습팀이 수행하는데, 참여기업들 중 1개사의 실제문제를 분석하게 되며, 이 과정에서 튜터는 팀 활동을 코칭 또는 지원하게 된다. 수강생 중 한 명이 프로젝트 프로포절을 발표하고 이것이 채택되면 각 팀원은 개인당 200시간에 해당하는 작업을 하여 개인별 혁신방안을 마련하고 학습환경하에서 이를 검증받게 된다.

두 번째 프로젝트 활동에서는 일렉트로닉 인큐베이터(Electronic Incubator)를 활용하여 전혀 새로운 기업가적 프로젝트를 개발하게 된다. 첫 번째 프로젝트의 분석대상이 특정 제품 또는 서비스인 반면, 새로운 프로젝트의 초점은 e-비즈니스(e-business)의 창업 및 운영에 주어지고 있다. 여기에서는 사업계획의 제출 및 수행뿐 아니라 실제적인 웹사이트의 개발이 요구되므로 이와 관련한 소프트웨어 교육이 이루어지며, 프로젝트 활동은 e-인큐베이터(e-Incubator)를 통해 300시간에 걸쳐 행하게 된다.

(2) 개별학습

개별학습(self-study)은 니엔로드 러닝 랩(Nyenrode Learning Lab)을 통해 이루어지며 튜터에 의해 지원된다. ICT 개발, 지적 재산 평가,

사이버마케팅, 네트워크사회에서의 지속 가능한 경영 및 윤리, 프로젝트관리, 다문화 상황하에서의 협업 등의 주제에 대해 900시간의 학습활동을 하게 된다.

(3) 면대면 교육

18개월에 걸쳐 6회의 온-캠퍼스(on-campus) 워크숍(워크숍당 1주일)이 이루어지며, 이 외에 300시간의 워크숍이 추가로 진행된다. 워크숍들은 혁신 및 기업가정신의 양성을 위해 중요하다고 판단되는 모든 주제에 관해 최신의 아이디어를 수강생들에게 전달하는 데에 그 주안점을 둔다.

(4) 입학과 평가

MBI&I에 입학하고자 하는 자는 경영학 학사 또는 석사에 해당하는 학력을 갖추고, 7~8년의 업무경험, 불확실성 및 혁신에 대처할 수 있는 지적 성숙성 등을 갖추어야 한다. 학업성취에 관한 평가는 다양한 방식으로 이루어지는데, 이를 요약하면 다음과 같다.

- 리포트 제출: 각 수강생은 3편의 완성된 리포트를 제출해야 하며, 이에 대해 심사위원단 앞에서 심사를 받아야 함.
- 가상학습과정에 대한 필답고사
- 워크숍 활동은 채점 대상이 아님.

위의 평가에서 가상학습 및 워크숍 부분에서 합격하게 되면

MBI&I diploma, 리포트를 포함한 2개 부분에서 모두 합격하게 되면 석사학위의 취득이 가능하다.

❀ DM-U의 디지털 미디어 업계 교육포털 ❀

DM-U(Digital Media University)는 영국 북서지역개발청의 자금 지원을 받아 맨체스터메트로폴리탄대학이 주도하고 있는 프로젝트로서 영국 북서지역의 디지털 미디어 업계에 속한 중소기업들의 학습 니즈를 수용하여 'just in time/just enough'형의(적시의/적정량의) 실무교육으로부터 학위수여에 이르기까지의 평생교육을 수행하는 맞춤식 교육포털이라 할 수 있다.

2005년 자료(Selby and Russell, 2005)에 의하면 DM-U의 포털은 단계적 계획에 의해 학습콘텐츠가 순차적으로 개발·업로드되고 있다. 맞춤식 교육의 일반적 역할이 조직전략과 학습활동을 직결시키는 것임을 감안할 때 해당 산업에 속한 중소기업의 직원들에게 사업전략의 달성에 알맞은 교육기회를 제공하는 것이 필요하였다. 따라서 DM-U는 조직성과의 향상을 위한 개별 학습자의 필요에 따라 맞춤식 교육을 제공함을 지향하였다. 또한 DM-U는 개인화된 CPD(Continuous Professional Development) 프로그램에 따라 업무와 연계된 학습활동에 따른 학점을 부여하고 이를 체계적으로 관리하여 대학학위를 취득할 수 있는 길을 마련하고 있다.

DM-U는 해당 산업으로부터 추천된 자문그룹을 통하여 프로그램의 운영방식과 교육콘텐츠의 지속적 개선을 도모하며, 지식네트워크를 통하여 커뮤니티 내·외의 전문가를 접촉할 수 있게 하는 등 동 산업부문에 속한 중소기업을 위한 학습 커뮤니티로서의 성공적 안착을 위해 노력하고 있다.

3

JIT 경영교육을 위한
국내대학의 맞춤식 교육 사례

3.1. 비학위과정 교육

기업들을 위한 비학위 맞춤형 교육과정은 국내 많은 대학에서 운영되고 있다. 여기서는 이들 중 비교적 우수한 평판을 지닌 사례들을 정리하여 제시함으로써 한국형 비학위 맞춤형 경영교육과정의 현황을 살펴보고자 한다.

❀ 서울대학교의 공기업고급경영자과정 ❀

정부투자기관 부장급 이상을 입학 대상으로 하는 공기업고급경영자과정은 일방형 강의식의 수업형태에서 벗어나 사례 중심의 비즈니스 게임, 종합실천워크숍 등의 참여식·체험식 교육을 도입하고 있다. 기존의 최고경영자과정에 비해 사이버 경영과 관련한 교과목을 확충하고 커뮤니케이션 스킬 등 리더십 분야 강의 비중을 확대함으로써 디지털 시대의 경영자의 자질향상에 도움이 되도록 프로그램을 설계한 것이 특징이다.

1) 프로그램의 구성

수업은 평상적으로 3~12월에 걸쳐 월~금요일 9:30~14:50까지(중식 포함) 진행된다. 커리큘럼에는 기초과정·응용과정·전공과정으로 이루어지는 경영학과정, 컴퓨터·어학과정, 교양과정, 합숙훈련·워크숍·산업현장방문·논문작성으로 이루어지는 종합평가과정 등이 포함되어 있는데, 여기에는 공기업에서 당면하고 있는 현실적인 문제에 대한 해결 방법을 교수와 수강생이 함께 토의·연구하는 기회가 제공되고 있어 대학과 공기업 간의 교류 증진을 통해 실무경험과 경영이론의 접목에 의한 산학협력의 증진을 도모할 수 있다.

2) 질관리

수강생에 대한 평가는 기중평가와 기말평가로 구분되는데, 기중평가에는 교과목에 대한 일반시험, 중국어 및 영어와 관련한 어학시험, 학습태도에 관한 평가 등이 포함되며, 기말평가는 논문평가로 이루어진다. 논문지도에 대해서는 8~10명씩 조를 짜서 각 조에 담당교수 2인을 배정하여 논문을 지도하고 논문 형태는 실무형 리포트를 작성하고 개인별 발표회를 갖는다.

3) 개선점

공기업 현장의 문제해결을 위한 교과목의 확충, 실무형 리포트 작성 등 일반학위과정과는 차별화된 커리큘럼을 실행하고 있으나, 온라인 학습을 통해 개인별로 학습내용과 진도를 조정할 수 있는 개인별 맞춤식 교육기회가 주어지지 않고 있는 점, 그리고 공기업 최고경영층의 현장체험 공유를 위한 강의참여 및 논문발표 참관 등이 이루어지지 않고 있는 등 기업과 대학의 적극적 협력 의지가 다소 미흡함을 볼 수 있다. 또한 경영 관련 과목은 모두 서울대학교 경영대학 또는 경제학과 교수가 강의하고 있으며, 교양과목 이외에 외부강사가 담당하는 강의는 없는 것으로 파악되었는데, 이는 서울대 울타리 밖에 있는 현장감각을 지닌 최고의 전문가를 활용하는 데 소홀함을 보여주는 사례로 생각된다.

현장문제 해결을 매개로 한 개인별 맞춤식 교육의 실현을 지향하는 해외 명문대학의 교육시스템을 적극 벤치마킹할 필요가 있다.

❀ 서울대학교의 한전과정 ❀

한전 및 관련 계열사 간부들을 입학대상으로 하는 한전과정은 서울대학교 공기업고급경영자과정과 비교해 볼 때 한전과 관련된 교과목과 강의주제가 다수 포함되어 있으며, 일부 교과목의 경우에는 동일한 교과목명을 지니더라도 한전과 관련된 내용을 추가하고 있다.

1) 프로그램의 구성

교육과정은 3~12월에 걸쳐 크게 교실수업, 합숙훈련·해외연수·산업시찰 등 교실 외 활동, 그리고 논문작성 및 발표로 구성된다.

교실수업은 대략 8개 과정(경영·경제의 기초, 기능별 경영전략, 전략경영에 대한 심층연구, 특강 및 교양강좌 등)으로 이루어지며 이 외에 영어회화 강의도 매주 제공되는데, 월~금요일 9:20~15:00까지(중식 포함) 강의가 진행된다.

한전과 관련된 교과목으로는 한전경영론·에너지 관련 특강·전력산업 현안 이슈와 정책방향·전력산업의 공급사슬관리 사례 등이 개설되어 있다. 논문은 약 5명씩 팀을 이루어 지도교수를 배정받아 작성하게 된다.

2) 질관리

학기 중 수시로 강의가 마무리되는 교과목에 대해 시험으로 학업성취도를 평가하게 되는데(평균 월 1회 정도), 그 대상 교과목은 인사관리·마케팅관리·재무관리·생산관리·재무제표·협상관리 등 총 9개가 해당한다. 논문은 팀별로 작성하여 발표하며, 심사를 통과하면 수료증이 수여된다.

3) 개선점

한전 중심의 커리큘럼 확충, 한전 수원사장의 특강이 제공되는 등 현장과의 연결이 다소 나아진 점은 인정되나, 여전히 개선해야 할 점이 남아 있다. 온라인을 통한 개인별 맞춤식 학습, 최고경영층의 논문발표 참관 등을 통한 현장문제 해결에 대한 관심과 실질적 해결책의 도출을 실현하기 위해서는 상당한 의지와 노력이 요구된다.

⚙ 고려대학교의 K Executive MBA(가칭) 과정 ⚙

고려대학교의 맞춤형 프로그램은 고객기업의 주요 관리층에 대한 경영이론과 실무교육을 통해 경영역량을 향상시키는 것을 목표로 하고 있는데, 여기에 소개하는 K Executive MBA 과정은 이 중 매우 일반적인 형태를 지니고 있어 이를 통해 고려대학교의 맞춤형 프로그램의 특성을 엿볼 수 있을 것으로 생각된다.

1) 프로그램의 구성

사내 임직원, 특히 대리~과장급 핵심인력을 수강대상으로 하는 동 프로그램은 총 19주에 걸쳐 주 1회(토요일) 6시간 강의와 1시간 퀴즈로 진행된다. 강의구성은 크게 인클래스(In-class) 강의와 행동기반 학습(Action-based learning)으로 이루어지며, 이 가운데 인클래스(In-class) 강의는 경영학 전반의 내용을 실무적으로 활용이 가능하도록 설계·제공하고 있는데, 이의 구체적 수단으로서 관련 사례의 제시, 강의내용에 대한 적극적 토론 등을 활용한다. 행동 기반 학습(Action-based learning)은 앞서 학습한 이론 및 사례를 바탕으로 현실문제에 관한 프로젝트를 수행함으로써 교육내용을 더욱 깊이 있게 이해하는 기회를 제공한다. 이를 위하여 4인으로 이루어지는 각 팀에 전담 지도교수가 배정된다.

2) 질관리

각 수업마다 시험에 의한 정량적 평가가 이루어지며, 완성된 논문은 K사의 임원진 및 지도교수 패널 앞에서 최종발표를 행한다. 출석점수·과목성적·프로젝트 점수가 일정한 기준을 충족해야 수료할 수 있다.

3) 개선점

현장과 관련한 프로젝트의 수행과 최종 프리젠테이션시에 임원진의 참관이 이루어지고 있어 학습과 현장문제 연구의 연결고리는 한층 강화된 것으로 생각된다. 그러나 고려대 교수진으로만 강사가 구성되는 문제, 효과적 맞춤식 교육을 지원하기 위한 온라인 시스템의 활용이 결여되어 있는 점 등은 향후 보완해 나가야 할 과제이다.

3.2. 학위과정 맞춤식 교육

3.2.1. 채용조건형 계약학과 운영

국내 많은 대학들이 교육수요 창출을 위해 계약학과를 운영하고 있는데, 이는 주로 산학협력단을 통해 이루어진다. 이 가운데 채용조건형 계약학과는 그 특성상 계약당사자인 의뢰기업과 공동으로 커리큘럼을 만들고 졸업생의 현장 적응력을 높이기 위해 동 기업의 사업장을 실습장소로 적극 활용하는 등 능동적 협력관계를 유지하게 된다. 일반적으로 의뢰기업이 100% 학비를 부담한다.

❀ 성균관대학교 – 삼성전자 ❀

성균관대학교가 운영하는 계약학과인 반도체공학과는 삼성전자 임직원과 반도체시스템공학 전공교수들이 함께 교육과정을 만들고 강의와 실습을 제공한다. 삼성전자 반도체사업장과 LCD연구소에서 주기적으로 실무교육을 진행함으로써 학업을 마친 후 삼성전자에 바로 취업하는 학생이 90%에 이르는 등 졸업생들의 현장 적응력이 매우 뛰어난 것으로 평가되고 있다.

성균관대학교는 또한 휴대폰 분야의 맞춤형 첨단교육을 통해 석·박사급 인력을 배출하여 삼성전자에 취업시키고 있다.

❀ 영진전문대학 – 일본 IT 기업 ❀

영진전문대학은 컴퓨터정보계열 1학년 수료자 중 일본 취업 희망자를 뽑아 일본기업이 요구한 커리큘럼으로 주문식 교육을 제공한다. 2학년 여름방학에는 4주간 일본 현지에서 기업 간부진의 특강과 기업체 견학 등을 진행하고, 3년 과정의 마지막 학기에는 일본의 취업컨설턴트가 학교를 방문해 예비면접을 하며 취업을 지도한다.

일본 IT 기업주문반 3학년 학생 24명 중 일본 최고의 IT 기업인 소프트뱅크에 5명, e-스토어 등 중견기업 2곳에 6명, 이데아크로스 등

IT 전문기업에 11명 등 총 22명이 취업에 성공하였다. 이들은 취업이 확정된 후에도 고급 컴퓨터프로그래밍, 일본어 숙련 등 집중훈련을 계속해 나간다.

3.2.2. 재교육형 계약학과 운영

의뢰기업 또는 협력사의 재직자를 대상으로 교육을 실시하는 재교육형 계약학과는 일반적으로 산업체가 학비의 50% 이상을 부담하도록 되어 있다.

❀ 성결대학교 − KT ❀

성결대학교 정보통신공학부는 KT의 계열사 및 협력업체의 재직자를 대상으로 학사과정 및 대학원과정을 계약학과 형태로 운영하고 있다. 교육커리큘럼은 KT 계열사와 학생들의 요구에 맞추어 주문식으로 편성되며, 수업일정과 장소는 현업수행을 감안하여 결정하며 사업장(용산, 군포) 등에 출장교육서비스를 제공한다.

❀ 영남대학교 − 달성공단 ❀

영남대학교는 달성공단 관련 산업체 및 지자체에서 6개월 이상 재직한 자 중 추천된 재직자를 대상으로 글로벌 MBA 과정을 개설·운영하고 있다. 5학기제 야간수업(주 2일, 1일 150분)으로 진행되며, 달성공단 관리사무소 내 지정 강의실에서 출장강의를 하고 있다.

4

요약 및 시사점

　학습자 중심의 맞춤형 경영교육프로그램은 대학보다는 기업의 주도하에 효율적으로 이루어질 수 있다는 주장과, 대학이 특정 기업의 울타리를 넘어 보다 폭넓은 지식의 교류를 가능하게 한다는 주장이 양립하고 있다.

　앞 장에서는 기업 중심의 성공적 경영교육 사례를 정리해 보았는데, 우수 기업들은 양적 및 질적으로 지식기반을 확충하기 위하여 기업대학을 설립하고 조직의 목적 및 사명과 직결된 일관성 있는 학습활동의 지원을 통하여 개인과 조직의 발전을 긴밀히 연계시켜 나가고 있음을 살펴보았다. 즉, 높은 성과를 올리고 있는 기업대학은 해당기업의 업종과 특성에 맞는 형태로 전략적으로 운영되고 있음을 발견하였다.

　이번 장에서는 대학이 지니고 있는 질 높은 콘텐츠를 유연한 방식으로 가공하여 제공함으로써 고객기업을 위해 맞춤식 교육을 성공적으로 실현한 해외의 선진 대학 사례들을 살펴보았는데, 이 대학들은 학습자들이 최대한 효율적으로 필요한 지식을 습득하고 이를 현장문제의 해결에 적용할 수 있도록 다양한 매체를 활용한 개별적 맞춤식 교육을 제공하고 있음을 발견하였다.

인시아드 온라인(INSEAD Online)의 코퍼레이트 블렌디드 (Corporate Blended) 프로그램, 뱁슨 인텔 MBA(Babson Intel MBA) 프로그램 등 개별기업을 위한 맞춤식 교육프로그램에서는 해당기업의 경영전략 내지는 업무수행과 직결된 내용을 중심으로 기업경영층의 적극적 참여하에 학업과 현장을 통합하는 교육을 다양한 매체를 활용하여 제공하고 있다. 특정 기업을 대상으로 하지 않는 업무능력 향상 프로그램에서도 선진 대학들은 프로젝트 수행을 중심으로 한 국제적 협업능력의 향상, 'just in time/just enough'형(적시의/적정량의) 개인별 학습경로의 설계를 포함한 러닝 바이 두잉 (learning-by-doing) 형태의 교육을 통한 사내전문가의 양성 등 수요자 중심의 교육서비스를 제공하고 있다.

그러나 한국 대학들의 맞춤식 교육은 일부 계약학과의 경우를 제외하고는 커리큘럼의 설계와 운영에 있어 고객기업과의 능동적 협력관계의 미비 등 선진국의 시스템과 괴리를 보이고 있으며, 특히 맞춤식 교육의 핵심적 수단이라 할 수 있는 온라인 교육시스템의 활용이 거의 전무함은 향후 중점적으로 개선해야 할 사항으로 생각된다.

참고문헌

김효근·정미숙·안동윤, "지식경영과 e-러닝 통합의 성공요인에 관한 연구," 「지식경영연구」, 6(1), 2005, 105-122.

문상원, "e-Learning에서의 e-SCM 기법적용 방안에 관한 연구," 「한국방송통신대학교 논문집」, 제48집, 2009, 191-202.

문상원, "기업대학의 상황적합적 교육시스템에 관한 연구," 「KNOU 논총」, 제53집, 2012, 203-230.

이재규·강주영·박종한, "LG CNS 지식경영사례," 한국경영정보학회 2003 춘계학술대회.

중앙일보, "삼성전자 임원과 함께 교육과정 만들어, 기업맞춤형 수업," 2011.11.14, C7.

중앙일보, "전문대 주문형 교육, 소프트뱅크 문 열다," 2012.2.14, 20.

Andresen, M., *Corporate Universities als Instrument des Strategischen Managements von Person, Gruppe und Organisation*, Lang, Hamburg, 2003.

Andresen, M., and B. Lichtenberger, "The corporate university landscape in Germany," *The Journal of Workplace Learning*, Vol.19, No.2, 2007, 109-123.

Argote, L., *Organizational Learning: Creating, Retaining and Transferring Knowledge*, Kluwer Academic Pub., 1999, 189-206.

Baets, W.R.J., and G. van der Linden, *Virtual Corporate Universities*, Kluwer Academic Publishers, 2003, 35-46/ 64-65.

Brown, J.S. and P. Duguid, *The Social Life of Information*, Boston, Harvard Business School Press, 2000.

Buhman, C., Kekre, S. and J. Singhal, "Interdisciplinary and Interorganizational Research: Establishing the Science of Enterprise Networks," *Production and Operations Management*, 14(4), 2005, 493-513.

Cao, J., and D. Zhang, "Knowledge Management Technologies for E-Learning: Semantic Web and Others," in *Intelligent Learning Infrastructure for Knowledge Intensive Organizations*, (ed.) Lytras, M.D., and A. Naeve, Information Science Publishing, 2006, 57-80.

Davenport, T.H., and G.J.B. Probst, *Knowledge Management Case Book*, 2nd Ed., John Wiley & Sons, 2002.

Dealtry, R., "Achieving integrated performance management with the corporate university," *The Journal of Workplace Learning*, Vol.17, No.1/2, 2005, 65-78.

Diaz, V., and P. McGee, "Distributed Learning Objects: An Open Knowledge

Management Model," in *Knowledge Management and Higher Education*, (ed.) Metcalfe, A., Information Science Pub., 2006, 147-178.

Dunn, P., and A. Marinetti, "Beyond Localization: Effective Learning Strategies for Cross-Cultural E-Learning," in *Developing Successful ICT Strategies*, (ed.) Rahman, H., Information Science Reference, 2008, 155-164.

Dutrenit, G., *Learning and Knowledge Management in the Firm*, Edward Elgar Pub., 2000, 1-6.

Eccles, G., "Marketing the corporate university or enterprise academy," *The Journal of Workplace Learning*, Vol.16, No.7, 2004, 410-418.

Fresina, A.J., "Corporate universities can — and should — be typed according to their missions. Is yours a reinforcer, change manager or shaper?," *Corporate University Review*, Vol.5, No.1, 1997, 3-13.

Fulmer, R., and P. Gibbs, "Lifelong learning at the corporate university," *Career Development International*, Vol.3, No.5, 1998, 177-185.

Gibbons, T.C., and R.S. Brenowitz, "Designing and Using a Course in Organization Design to facilitate Corporate Learning in the Online Environment," in *Handbook of Online Learning*, (ed.) K.E. Rudestam, and J. Scoenholtz-Read, Sage, 2002, 355-374.

Green, L.W., *Case Study — Procter & Gamble*, Saba, 2007.

Hilse, H., and A. Nicolai, "Strategic learning in Germany's largest companies," *Journal of Management Development*, 23(4), 2004, 372-398.

Homan, G., and A. Macpherson, "E-learning in the corporate university,"

Journal of European Industrial Training, Vol.29, No.1, 2005, 75-90.

Howard, C., *CASE STUDY – Best Practices for the Corporate University*, Bersin & Associates, February 2006.

Howard, C., *CASE STUDY – Integrating Learning into the Enterprise: A Look at the IBM Enterprise Learning Portal*, Bersin & Associates, January 2008.

Jansen, D., et. al., "Virtual business e-learning: an approach to integrating learning and working," in *Integrated E-Learning*, (ed.) Jochems, W., et. al., RoutledgeFalmer, 2004, 51-63.

Jansink, F., K. Kwakman, and J. Streumer, "The knowledge-productive corporate university," *Journal of European Industrial Training*, Vol.29, No.1, 2005, 40-57.

Kelly, T.M., and D.K. Bauer, "Managing Intellectual Capital – via E-Learning – at Cisco," in *Handbook on Knowledge Management,* Vol.2, Springer-Verlag, 2004, 511-532.

LaRue, B., "Synthesizing Higher Education and Corporate Learning Strategies," in *Handbook of Online Learning* (ed.) K.E. Rudestam and J. Scoenholtz-Read, Sage Pub., 2002, 279-296.

Lehaney, B., et. al., *Beyond Knowledge Management*, Idea Group Pub., 2004, 67-75.

Lepouras, G., and C. Vassilakis, "Adaptive Virtual Reality Shopping Mall," in *Encyclopedia of E-Commerce, E-Government, and Mobile Commerce,* Vol.1, Idea Group Reference, 2006, 1-6.

Lewis, N.J., and P.Z. Orton, "Blending Learning for Business Impact: IBM's

Case for Learning Success," *The Handbook of Blended Learning*, (ed.) Bonk, C.J., and C.R. Graham, Pfiffer, 2006, 61-75.

Liebowitz, J., *Building Organizational Intelligence*, CRC Press, 2000, 31-36.

Mahnke, V., and M. Venzin, "Designing Integrated Knowledge Management Systems in the Multinational Corporation," in *Knowledge Management and Intellectual Capital*, Palgrave MacMillan, 2005, 173-194.

Manville, B., "Learning in the Knowledge Era," *Knowledge Capital*, Oxford University Press, 2003, 224-236.

Marsten, A., "Modeling of Adaptive Tutoring Processes," in *Web-Based Intelligent E-Learning Systems*, (ed.) Ma, Z., Information Science Pub., 2006, 193-215.

Meister, J.C., "Deloitte Consulting: The LearningEdge," *Corporate University Xchange's Pillars of e-Learning Success*, Corporate University Xchange, Inc., 2002a, 111-114.

Meister, J.C., "General Electric: A Central Center for Education Excellence," *Corporate University Xchange's Pillars of e-Learning Success*, Corporate University Xchange, Inc., 2002b, 145.

Meister, J.C., "Cap Gemini Ernst & Young: Linking Innovation with e-Learning," *Corporate University Xchange's Pillars of e-Learning Success*, Corporate University Xchange, Inc., 2002c, 161-162.

Meister, J.C., "Corporate Universities: What Works and What Doesn't," *Chief Learning Officer*, March 2006, 28-29.

Moshaiov, A., "Web-Based Learning by Tele-Collaborative Production in

Engineering Education," in *Computer-Supported Collaborative Learning in Higher Education*, (ed.) Roberts, T., Idea Group Pub., 2005, 234-257.

Ng, A., and M. Hatala, "Ontology-Based Approach to Formalization of Competencies," in *Competencies in Organizational E-Learning*, (ed.) Sicilia, M., Information Science Pub., 2007, 185-206.

Owens, L., and E. Klein, *CASE STUDY — First Steps: Instituting P&G's R&D Corporate University*, Corporate University Xchange, Inc., October 2007.

Paraskevi, T., and S. Kollias, "E-Questionnaire for Innovative Adaptive-Learning Scheme", in *Encyclopedia of E-Commerce, E-Government, and Mobile Commerce,* Vol.1, Idea Group Reference, 2006, 445-450.

Puustjarvi, J., "The Role of Metadata in E-Learning Systems," in *Web-Based Intelligent E-Learning Systems*, (ed.) Ma, Z., Information Science Pub., 2006, 235-253.

Rademakers, M., "How strategic is your corporate university?," *Opleiding & Ontwikkeling*, Vol.3, No.4, 2001, 15-18.

Rademakers, M., "Corporate Universities: driving force of knowledge innovation," *The Journal of Workplace Learning*, Vol.17, No.1/2, 2005, 130-136.

Robins, K., and F. Webster, *The Virtual University?*, Oxford University Press, 2002, 318-324.

Rosenberg, M.J., *Beyond E-Learning*, Pfeiffer, 2006, 89-91.

Rosic, M., Glavinic, V., and S. Stankov, "Intelligent Tutoring Systems for the

New Learning Infrastructure," in *Intelligent Learning Infrastructure for Knowledge Intensive Organizations*, (ed.) Lytras, M.D., and A. Naeve, Information Science Publishing, 2006, 225-250.

Ross, D.F., *Introduction to e-Supply Chain Management*, St.Lucie Press, 2003, 88-108.

Schank, R.C., "e-Learning at Harvard Business School"/ "Web-Mentored Courses: How Columbia University Uses Live Experts to Enhance e-Learning by Doing," *Designing World-Class E-Learning*, McGraw Hill, 2002, 169-186/ 187-206.

Selby, L., and D. Russell, "Curriculum Design and Management in the Digital Media U," *The Journal of Workplace Learning*, Vol.17, No.1/2, 2005, 24-32.

Shneier, L., "Case Study: Knowledge Sharing, Communities of Practice, and Organizational Change at the World Bank Group," in *Intelligent Learning Infrastructure for Knowledge Intensive Organizations*, (ed.) Lytras, M.D., and A. Naeve, Information Science Publishing, 2006, 391-414.

van Dam, N., "Black & Decker Corporation"/ "McDonald's Corporation," *The E-Learning Fieldbook*, McGraw Hill, 2004, 188-193/ 228-234.

Walton, J., *Strategic Human Resource Development*, Pearson Education, Harlow, 1999.

Whittington, R., *What Is Strategy — and Does It Matter?*, 2nd Edition, Thomson Learning, London, 2001.

Wiley, D., "Learning Objects Need Instructional Design Theory," in *The ASTD E-Learning Handbook*, (ed.) Rossett, A., McGraw Hill,

2002, 120-122.

Wilson, D., and E. Smilanich, *The Other Blended Learning*, Pfeiffer, 2005, 11-13.

Wolford, D., and S. Kwiecien, "Driving Knowledge Management at Ford Motor Company," in *Handbook on Knowledge Management* Vol.2, Springer-Verlag, 2004, 501-510.

Woolf, B., and M. Stern, "Intelligent and Adaptive Web-Based Instruction," in *Web-Based Intelligent E-Learning Systems*, (ed.) Ma, Z., Information Science Pub., 2006, 321-347.

www.gsba.yu.ac.kr (영남대학교 경영대학원 홈페이지)

www.skku.ac.kr (성균관대학교 홈페이지)

www.sungkyul.edu (성결대학교 홈페이지)